O DRAGÃO
da inteligência artificial

O DRAGÃO
da inteligência artificial

Fábio
Adiron

1ª edição

São Paulo
2022

Dados Internacionais de Catalogação na Publicação (CIP)
(Câmara Brasileira do Livro, SP, Brasil)

Adiron, Fábio

O dragão da inteligência artificial : contra o guerreiro da desinteligência natural / Fábio Adiron. -- São Paulo : Ed. do Autor, 2022.

Bibliografia.
ISBN 978-65-00-41142-3

1. Humanidade - Filosofia 2. Inteligência artificial - Filosofia 3. Pensamento crítico I. Título.

Cibele Maria Dias - Bibliotecária - CRB-8/9427

22-104070

Esse livro é dedicado ao grupo de estudos da teoria da complexidade: André Nardy, Cristina Zauhy, Courtnay Guimarães, Dorgival Soares e ao mestre Humberto Mariotti

Prefácio

O assunto Inteligência Artificial (IA) e Inteligência Humana (IH) ou Natural me fascina já há alguns anos, o que se intensificou desde que iniciei a condução de meus primeiros projetos de IA, em 2015, como diretor de IA na Saint Paul, época em o tema ainda estava mais incipiente no Brasil. E o que começou como pequenos projetos acabou tomando corpo e ganhando repercussão internacional, além de pessoalmente direcionar muito de minha carreira que com entusiasmo venho trilhando desde então, através de meus estudos de pós doutorado na Columbia University - na cidade de Nova York, publicação de um livro sobre o tema e incontáveis palestras e aulas, interagindo com excelentes mentes no Brasil e no mundo.

E foi durante o pós-doutorado que verdadeiramente algumas fichas mais importantes começaram a cair sobre o tema (certamente outras tantas ainda cairão ou serão ressignificadas com o tempo). Logo nas primeiras semanas de imersão por lá comecei a observar um fato que muito me instigava: todos os grupos de estudos, workshops e aulas de IA eram formadas por estudiosos e interessados das mais diferentes faculdades, sem exceção. A lista incluía Filosofia, Educação, Antropologia, Sociologia, História, Artes, Direito, Negócios, entre outras aparentemente distantes da IA, além das obviamente próximas Ciência da Computação, Engenharias, Matemática e Estatística.

E em todos os momentos em que as discussões ameaçavam se estreitar ou se simplificar em excesso, invariavelmente alguém dizia uma frase essencial para o debate da IA: "It's not about technology!". O que, na prática dos encontros, significava: "Voltemos ao tom crítico, plural e com o olhar da complexidade, tão necessário para o tema". E apesar da resistência de alguns, as discussões, mais cedo ou mais tarde, voltavam a se aprofundar e a ficarem interessantemente ainda mais confusas.

Acabei estudando da filosofia da educação de Paulo Freire aos frameworks da Complexidade Cynefin, passando pelos complicados algoritmos de Deep Learning, tudo na mais aparente confusão, como tem que ser. E as fichas começavam a cair. IA é um tema muito mais amplo do que se imagina. Ela deve ser encarada muito além da visão de "uma tecnologia altamente transformadora", seja pelo seu escopo em si, seja por suas consequências e impactos. E a multidisciplinaridade e complexidade passam pela ideia de que não faz qualquer sentido estudar a Inteligência Artificial sem mergulharmos na Inteligência Humana. E isso não se deve ao fato destes mundos se unirem pelo "OU", mas sim por eles se conectarem pelo "E": Inteligência Artificial E Inteligência Humana.

E qual foi, portanto, minha alegria quando, ao ser convidado para escrever este prefácio pelo caro Fábio Adiron, colega de docência já há tantos anos, encontrei na sua obra exatamente essa visão crítica sobre o tema. Com este contexto mais amplo e de urgência pela junção de ciências repartidas, o autor conseguiu trazer à tona, num único texto, de forma evidente, clara e direta, mas nem por isso simplista, conceitos complexos e reflexões indigestas, mas essenciais para a aprendizagem e discussão da IA e da IH. E o fez com excelência.

A obra é um convite ao escasso, urgente e necessário Pensamento Crítico. O texto propicia ao leitor ir muito além do utilitarismo óbvio da IA, trazendo conceitos e ideias que vão da filosofia às teorias da complexidade, um presente para o desenvolvimento da inteligência humana E da inteligência artificial.

Isso fica evidente ao longo dos capítulos, mas é sutilmente reforçado na enorme generosidade do autor de fazer indicações de leituras de valor inestimável em notas de rodapé, facilitando enormemente o aprofundamento de cada tópico.

Em relação ao nosso recorrente temor quanto ao espaço ocupado pela IA na economia e na sociedade, Adiron fica bem longe do positivismo ingênuo e do negativismo catastrófico (ambos simplificadores), promovendo reflexões baseadas na centralidade no humano como ser atuante em papel principal, influenciado e influenciando os próximos capítulos desta história que está apenas começando.

Por tudo isso, trata-se de uma obra indispensável para a compreensão da IA e da IH.

Desfrute!

Prof. Adriano Mussa, PhD
Pós-doutor em IA pela Columbia University
Reitor da Saint Paul Escola de Negócios
Autor de "Inteligência Artificial – Mitos e verdades". Editora Saint Paul.
2020

Prolegômenos

- Sim, o império está doente e, o que é pior, procura habituar-se às suas doenças. O propósito das minhas explorações é o seguinte: perscrutando os vestígios da felicidade que ainda se entreveem, posso medir o grau de penúria. Para descobrir quanta escuridão existe em torno, é preciso olhar nas luzes fracas e distantes.

Ítalo Calvino – Cidades invisíveis

Esse texto surgiu originalmente como um dos muitos artigos que costumo escrever e, como faz parte dos meus hábitos, sempre compartilho os meus escritos com algumas pessoas, até para ver se não escrevi nenhuma besteira inaceitável, até porque muitas das aceitáveis são relevadas por serem meus amigos.

Academicamente isso tem a alcunha de revisão pelos pares. O então artigo, no entanto, recebeu um comentário ímpar do Courtnay Guimarães que o denominou de apolético e sem foco, mas que daria um belo livro. Tentei seduzi-lo a escrever o livro comigo, não tive sucesso mas contei com algumas intervenções importantes em alguns pontos e onde, obviamente, dou a ele os devidos créditos.

Como tinha recentemente acabado de escrever "O mito de um mundo melhor", em um primeiro momento não me animei muito com uma nova empreitada, ainda que concordasse que o artigo precisasse de uma revisão.

Logo em seguida fui alertado pelo Ricardo Costa sobre mais uma questão a revisar (conforme será visto no decorrer do texto) e, de revisão em revisão, o livro começou a tomar corpo.

Portanto cabe ao Courtnay uma parcela de culpa pelo que se segue. Pelo conteúdo e opiniões assumo integralmente qualquer responsabilidade.

O artigo já trazia esse título imenso que, para os da minha geração, remete a "O dragão da maldade contra o santo guerreiro", filme de Glauber Rocha, baiano como o Prof Mariotti e o Courtnay, mas o motivo da escolha não se limita à baianidade aqui representada, mas ao fato que no filme, quase até o seu final, não fica claro quem é o dragão e quem é o santo no embate entre o cangaceiro Coirana e o jagunço Antonio das Mortes.

Assim como no embate entre a inteligência artificial e a inteligência natural há uma tremenda divisão entre os que julgam uma como bandido e a outra como o mocinho, ou vice-versa.

Além disso, não posso de deixar de agradecer ao Adriano Mussa. De um lado pelas reflexões preciosas que me proporcionou com o seu livro (vide a indicação de leituras ao final desse), seja pela generosidade e o tempo que dedicou para ler o meu e prefaciá-lo. Sou extremamente suspeito para julgar o prefácio, mas certamente me agradou muito.

Aproveito para agradecer às demais pessoas que se envolveram nesse processo:

Virginia Fantoni, Humberto Mariotti e Cristina Zahuy pelas leituras, releituras e muitas revisões.

Courtnay Guimarães, Ricardo Cavallini, Ricardo Costa pelas preciosas intervenções.

André Nardy e Dorgival Soares Silva companheiros de Grupo de Estudos sobre Complexidade, por suas intervenções provocativas.

Letícia Ribeiro por mais uma primorosa edição, e Virginia Fantoni, mais uma capa para minha coleção de obras de arte.

São Paulo, Outubro de 2021 a Março de 2022

Uma caverna é
uma caverna

O Mito da Caverna é uma história narrada por Platão em sua obra A República. Trata-se de um diálogo travado entre Glauco e Sócrates, em que este conta uma história a Glauco para falar-lhe sobre o conhecimento humano. Essa história geralmente é usada por aqueles que se acreditam como proprietários da verdade quando querem demonstrar que seu discurso é o que pode trazer a luz aqueles que vivem na escuridão e só enxergam as sombras.

A história é a seguinte: Sócrates diz para Glauco imaginar uma espécie de caverna em que homens vivessem como prisioneiros desde sempre. Essa caverna possui uma parede em que os prisioneiros foram acorrentados pelos braços, de modo a verem somente o que se passa na parede diante deles. Atrás dos prisioneiros, existe uma chama acesa por qual as pessoas passam, gesticulam e movimentam objetos, de modo a projetarem suas sombras na parede que os prisioneiros conseguem ver. Também falam e gritam, criando ecos que os prisioneiros podem ouvir. Sombras e ecos são projeções distorcidas das imagens e dos sons reais. Por viverem toda a sua vida ali, acorrentados, tudo que os prisioneiros sabem do mundo é o que eles vivenciaram.

Continuando, Sócrates fala para Glauco imaginar que um dia um prisioneiro foi liberto. Saiu da caverna, teve um primeiro contato com a luz solar que ofuscou a sua visão e gerou um grande incômodo. Porém, após acostumar-se com a luz, ele pôde observar toda a natureza e todo o vasto mundo que havia fora da caverna, muito maior do que ele julgava existir quando era um prisioneiro.

Em um primeiro impulso, o prisioneiro liberto poderia tentar retornar para a caverna e libertar os seus companheiros. Imaginando as possibilidades, ele poderia até ser morto por seus colegas, que o julgariam como louco.

Nós nunca deixamos de ser esses homens das cavernas. Ainda que vivamos livres com a possibilidade de ver a luz do sol e receber diretamente as impressões do mundo que nos rodeia pela nossa percepção sensorial, o conhecimento (com raríssimas exceções) sempre chegou a nós através de terceiros. Seja pelas tradições orais dos nossos mais remotos ancestrais, seja pela rudimentar linguagem escrita dos primórdios da histórias, seja pela invenção da imprensa no século XV que criou o método de armazenamento e transporte da informação que, depois tornou-se massivo e capaz de reproduzir em volumes inimagináveis esse armazenamento, seja pela invenção e difusão de mídias eletrônicas de rádio e televisão até chegarmos na sociedade de redes digitais onde a propagação de informação, e geração de conteúdo por qualquer pessoa, nos leva muito mais a um ambiente de "fofocosfera"[1] do que da noosfera proposta por Teilhard de Chardin (assunto que será falado mais adiante).

Tudo, ou quase tudo, que temos de informação, conhecimento, cultura, nos chega pelo olhar subjetivo de outros e não pela nossa observação direta do mundo. Se são luzes ou apenas sombras e ecos está mais relacionado à nossa própria subjetividade em concordar ou discordar desse conhecimento, do que aos fatos em si mesmos.

Mesmo as poucas coisas que não nos chegaram por terceiros ainda são apenas percepções de uma realidade filtrada pelos nossos sentidos, pelo contexto e pelo nosso imprinting cultural e psicológico e, portanto, também repletas de vieses.

Logo, esse livro não tem a intenção de se arrogar a ser luz, tampouco uma leitura fiel da realidade, mas tenta atingir três aspectos que me parecem importantes em qualquer obra como essa.

Claridade, imprescindível para quem tem o objetivo de se iniciar nesse assunto. Rigor, para que o que queiram se aprofundar e enriquecer seu repertório não encontrem posteriormente erros graves. Atratividade, para não destruir o interesse pelo tema.

Nunca estive em um cartório recebendo a escritura de posse da verdade. Minha proposta é a de provocar reflexão não a de conquistar seguidores ou discipular ninguém. Concorde no que lhe fizer sentido. Discorde de tudo que achar irrelevante ou absurdo, mas coloque os seus neurônios em ação.

---

1 Termo cunhado por Courtnay Guimarães dentre as suas preciosas intervenções nesse texto.

Para começo de conversa

"*Se houvesse outras coisas tão semelhantes a nós que imitassem as nossas ações, tanto quanto fosse moralmente possível, sempre disporíamos de meios seguros de identificar que não eram verdadeiros homens. Primeiro porque não poderiam usar palavras ou outros signos como nós. Depois, porque mesmo que fizessem diversas coisas tão bem, ou melhor, que nós, falhariam em outras pelas quais se descobriria que não operavam por conhecimento, mas só pela disposição dos seus órgãos. É moralmente impossível que haja tantas e tão diversas disposições particulares em uma máquina que a permita atuar em todas as circunstâncias da vida da mesma maneira como nos faz atuar a razão.*
(1637 - Discurso sobre o método - Descartes)

O debate a respeito da evolução das tecnologias que se utilizam de inteligência artificial continua sendo a luta do pensamento ilusório (wishful thinking) contra o mito do progresso – a percepção humana de que toda evolução tecno científica é admirável e bem-vinda.

Os escatologistas de plantão preveem o fim do trabalho e a criação de massas de desempregados. A McKinsey[1] estima a perda de 375 milhões de empregos até 2030[2] , a OCDE[3] fala em um aumento de 14 pontos percentuais. Considerando que nos países acompanhados pela OIT esse valor está, em média, por volta de 10%, a previsão é a de termos um quarto da população economicamente ativa desempregada.

Porém, mesmo as piores previsões apontam possíveis caminhos para minimizar o estrago, falando na criação de postos de trabalho no desenvolvimento de tecnologia e de carreiras onde a criatividade seja mais importante que as tarefas mecânicas.

Já o lado idealista e do positivismo ingênuo tece os argumentos tradicionais da pseudociência motivacional: nada vai substituir a genialidade humana, nunca uma máquina vai se equiparar aos nossos bilhões de neurônios, somos invencíveis.

A realidade tem mostrado que nem o discurso da minimização do estrago, nem a visão do mundo cor-de-rosa do positivismo ingênuo ajudam a enfrentar esse problema de forma efetiva[4].

Circula no espaço da fofocoesfera uma declaração que diz: "olha, ou a gente toma conta das IAs ou a gente vai ser relegado a bichinho de estimação das IAs ou seja o ser humano vai perder sua liberdade, vai perder seu livre-

---

1 McKinsey que é um dos bastiões do quantitativismo e do cartesianismo, como ressalta o próprio Humberto Mariotti.
2 https://www.mckinsey.com/featured-insights/future-of-work/jobs-lost-jobs-gained-what-the-future-of-work-will-mean-for-jobs-skills-and-wages
3 https://www.oecd.org/employment/the-impact-of-artificial-intelligence-on-the-labour-market-7c895724-en.htm
4 ADIRON, Fábio. O tráfico de ilusões. Disponível em http://xiitadainclusao.blogspot.com/2020/06/trafico-de-ilusoes.html

arbítrio, vai ser cerceado, seremos escravos" e demais escatologias recorrentes. Esse é um pensamento além de estupidamente egoísta, típico do pensamento ocidental em que aquilo que o meu ego quer tem que ser satisfeito de qualquer forma.

Pensando friamente nós não somos hoje nem coletiva nem individualmente capazes de tomar as melhores decisões em relação ao nosso futuro. Seja enquanto indivíduos com seus livres-arbítrios seja enquanto coletividades que têm os seus demais arbítrios, sempre deturpados pelas várias receitas de bolo da moda com as quais nós nos deparamos habitualmente.

Então pegando os mitos das nossas ficções preferidas que circulam por aí, desde o Hal de 2001 – Uma odisseia no espaço, até o senhor Data do Star Trek, ou mesmo o Spock que não era uma IA mas era um cara 100% racional. Talvez o que nos assuste é que se colocarmos uma IA para o controlar tudo seremos forçados a evoluir como espécie, deixaremos de ser bonobos[5] guiados pelos instintos pelos medos, por aquelas coisas basais e primais do cérebro reptiliano e finalmente teremos de evoluir.

O que significa fazer aquelas coisas difíceis, fazer dieta, começar a pensar no meio ambiente, suprimir os desejos mais esdrúxulos que temos e, principalmente, essa coisa tão arraigada do macaco primata que temos: a sede de poder, de ser o gorila alfa do bando todo.

Existe uma série na Netflix chamada Altered Carbon e que tem muito a ver com o nosso momento onde o poder é de alguns poucos. No enredo da série as pessoas com muito poder e muito dinheiro obviamente são as que mais usufruem da tecnologia e, por incrível que pareça, a série nem chega a pontos muitos extremos, a não ser uma leve

5 Junto com o chimpanzé-comum, o bonobo é o parente vivo mais próximo geneticamente do ser humano.

corrupção de um ou de outro para alcançar esses desejos. A grande questão é que a IA nessa distopia não tem um papel muito preponderante. O papel preponderante é do biohacking[6] e de algumas cyber tecnologias que permitem primeiro armazenar consciência e depois transportar essas consciências, essas vidas, de uma de uma casca para outra, de um corpo para outro ou, como muitos creem, as nossas almas.

Nesse ponto os "matusaléns" (que são pessoas que vivem dois mil anos) chegam em um momento da vida em que concluem que não têm mais o que fazer. Já viveram tudo que tinham de viver, já foram todos os corpos que tinham de ser, já leram tudo que existia para ser lido, realizaram todas as suas fantasias, vivem isolados nos seus castelos no céu e, nesse momento, eles se deparam com a esquisitice que é ser um humano, que apesar de ser rico, poderoso e eterno, é oco – "we are the hollow men, the stuffed men..." [7]

Esse encontro com a oquidão, o abismo interior (seja como efeito individual, seja como efeito coletivo) talvez seja o nosso recôndito e mais assustador medo da IA. Não que ela nos domine mas que a gente seja forçado a olhar no espelho das nossas almas e ter que conviver com aquilo que vemos. Sair do modo automático de comer, rezar, copular e dormir e refletir sobre quem se é, ou o que se é. Ou ainda o mais importante e, ao mesmo tempo, maior incômodo, para que se é? Qual é o nosso papel nessa engrenagem, que tem o nada como derivada?

---

6 Trata-se de uma técnica que usa tanto a tecnologia quanto a biologia para formar humanos capazes de elevar seu desempenho corporal ao nível máximo. O biohacking tem o objetivo de fazer uma espécie de mapeamento de todo o organismo para descobrir pontos falhos e melhorá-los, elevando a potência e a capacidade do indiví- duo.

7 ELIOT, T.S. The hollow men in Complete Poems and Plays. Faber. Londres. 1969

A confusão está feita. [8]

O biólogo e pensador David Ehrenfeld[9] tem duas "leis" que dizem:

(a) a maioria das descobertas científicas e suas aplicações tecnológicas pode produzir efeitos colaterais danosos aos seres humanos, suas culturas e seus ambientes;

(b) se uma descoberta científica ou invenção tecnológica puder ser usada para fins maléficos (guerras, por exemplo), assim será usada.

O problema não é a tecnologia. A Inteligência Artificial é apenas mais uma ferramenta tecnológica desenvolvida pelo homem que vai afetar o trabalho. Desde a primeira revolução industrial várias foram criadas e geraram esse tipo de problema.

Nenhuma tecnologia tem em si mesma um posicionamento moral, mesmo quando a sua criação parte de um objetivo imoral por parte do seu criador, ou seja, ao mesmo tempo não podemos cair na ingenuidade de acreditar que as tecnologias são absolutamente neutras. Por isso, mesmo as que são criadas com objetivos louváveis acabam, de acordo com a segunda lei de Ehrenfeld, sendo usadas de forma a prejudicar ou destruir outros homens.

No entanto, mais do que "os fins maléficos", não é a capacidade da IA em substituir os homens que pode nos levar à ruína iminente, mas a incapacidade do pensamento humano de escapar do seu modelo linear e reducionista de raciocínio.

Não é possível desvincular a tecnologia do humano. Perdemos muito quando olhamos para humanos e

---

8 Intervenção de Courtnay Guimarães
9 EHRENFELD, David Ehrenfeld. The arrogance of humanism. Oxford University Press, Oxford. 1981

tecnologia como duas entidades distintas. O ponto chave está na análise do híbrido que nasce dos dois juntos. Isso é similar ao conceito de colocarmos, em caixas separadas das pessoas, a sociedade, países, empresas, mercados, etc. Não dá para dissociar, por mais que "antropomorfizemos" essas entidades, como se faz com a tecnologia, especialmente a IA. [10]

Isso não quer dizer que alguns autores descartem o conceito da IA como um mal em si mesmo. O médico John Wyatt, que se define como alguém empenhado em abordar novos desafios éticos, filosóficos e teológicos causados pelos avanços na ciência e tecnologia médica, especialmente IA e robótica, em um artigo para a Tech Human[11], comparou o avanço da inteligência artificial à dependência humana a representações que afastam o homem do mundo real.

Usando como referência o livro de Baudrillard sobre simulacros e simulação[12] , ele compara as etapas citadas por Baudrillard àquelas que estamos vivenciando em um mundo que torna as pessoas cada dia mais distantes da realidade.

Do primeiro momento onde a representação tenta fornecer uma reflexão confiável da realidade, em seguida começa a mascarar e desnaturalizar a realidade, depois mascara totalmente a realidade a ponto de parecer algum tipo de bruxaria (onde Wyatt posiciona os chatbots), até chegar ao ponto final de não ter mais nenhum vínculo com a realidade (e talvez, no futuro, nem vínculo com os próprios humanos).

10 Colaboração do Ricardo Costa da Humanos mais Tecnologia
11 WYATT, John. Simulacra and simulation. Tech Human. Disponível em https://www.techhuman.org/resource-bank/simulacra-and-simulation
12 BAUDRILLARD, Jean. Simulacros e simulação. Editora Relógio d´Água. Lisboa.1991

Ao mesmo tempo em que nós, aos poucos, vamos nos desligando da realidade, alguns cientistas entendem que as máquinas de inteligência artificial precisam se aproximar não só do modelo computacional do nosso cérebro, mas também da consciência e do "espírito humano". Não temos acesso consciente à complexidade de nossos próprios processos de pensamento, e isso nos levou a subestimar a riqueza de nossa própria inteligência humana. Nada em nosso conhecimento de psicologia ou neurociência apoia a possibilidade de que a "racionalidade pura" seja separável das emoções e preconceitos culturais que moldam nossa cognição e nossos objetivos. [13]

Alguns entendem que a chegada da inteligência artificial ao extremo de replicar o scr humano é um mito que, para alguns é inevitável, apenas uma questão de tempo, pois já estamos trilhando a estrada que levará a IA à superinteligência que nem nós mesmos temos. Para Erik Larson[14], essa estrada existe apenas na nossa imaginação e que todas as evidências apontam para o fato de que a inteligência humana e a da máquina são completamente diferentes.

Ele parte do princípio que computadores podem fazer cálculos, mas lhes faltam a capacidade de entender contextos e fazer inferências adequadas. A diferença entre conectar pontos (cálculo) e dar sentido aos pontos. Podem ser treinados para jogos de lógica e executar instruções, mas ainda se perdem nas sutilezas da linguagem humana e ler as entrelinhas.

Eventualmente, se deixarmos de lado as visões românticas e midiáticas em torno a IA e nos concentrarmos

13 MITCHELL, Melanie. Vulnerable machines could be smarter ones. Boston Globe, 8 de outubro de 2021
14 LARSON, Erik J. The Myth of Artificial Intelligence: Why Computers Can't Think the Way We Do. Belknap Press. Cambridge MA. 2021

de fato no seu potencial, poderemos fazer descobertas importantes. É necessário enfrentar o tema de maneira científica em busca de respostas para as muitas incógnitas ainda existentes. Acreditar no mito de que ela será a resposta para todos os problemas do universo, da vida e tudo mais, provavelmente mostrará apenas uma resposta: 42.

Ou seja, para atingir os objetivos que os pioneiros da IA se propuseram nos anos 60 do século passado, precisamos da inovação humana para descobrir como computar, como fazer inteligência geral em um computador para que as máquinas se tornem mais humanas e, por mais que isso possa parecer algo impossível, nada impede que o caminho para fazer um upload de consciência nas máquinas seja feito. Como diria o professor Silvio Meira, a descoberta do DNA tem pouco mais de 100 anos e o mapeamento do genoma pouco mais de 20 anos, supor que as máquinas recebam consciência daqui 300 ou 1000 anos não é nenhum absurdo.

"O homem é homem porque é capaz de reconhecer as realidades sobrenaturais, não porque é capaz de inventá-las". (T.S.Eliot)

A tal da inteligência artificial

A IA não é exatamente uma ideia nova ainda que, da perspectiva histórica, esteja ainda engatinhando. A busca do Santo Graal da computação – máquinas inteligentes – já passou por várias tentativas e hoje já se encontra em vários dispositivos que utilizamos no nosso cotidiano.

Não é de hoje que a humanidade busca dominar a natureza para extrair dela aquilo que atenda suas necessidades e vontades utilitárias. Desde a pré-história o homem desenvolve ferramentas que amplifiquem sua capacidade física e mental. O ábaco, inventado há cerca de 6 mil anos é, provavelmente, a primeira dessas ferramentas de expansão da capacidade do cérebro. Somente na segunda metade do século XX é que começam a surgir os computadores, como os conhecemos atualmente, para executar cálculos e, da forma como eram programados, não se podia dizer que eram realmente inteligentes.

Ainda que muitas técnicas e metodologias que a IA usa atualmente tenham surgido há muito mais tempo, especialmente através da criação dos primeiros algoritmos por Ada Lovelace, ainda no século XIX, o termo "inteligência artificial" só foi usado pela primeira vez em 31 de agosto de 1955, quando McCarthy, Minsky, Rochester e Shannon solicitaram à Fundação Rockfeller que financiasse a primeira pesquisa sobre o tema[1]. O projeto ficou conhecido pelo nome do local onde foi realizado, o Dartmouth College, onde McCarthy era professor e pesquisador.

Eram pessoas experientes o suficiente para saber que não poderiam abordar o assunto de forma ampla em apenas dois meses, e decidiram focar-se em um subproblema como a linguagem. Esse modelo depois foi denominado como "narrow AI" (IA estreita), mais tarde a ideia de que a IA pudesse alcançar ou ultrapassar a inteligência humana foi denominada como "general AI" (IA geral).

A IA geral se define como aquela capaz de resolver qualquer tarefa à qual seja submetida (algo que nem a inteligência humana é capaz), como se fosse o Robô (o famoso modelo B-9) da série "Perdidos no Espaço", ou o "Androide Paranoide" da nave "Heart of Gold" do *Mochileiro das Galáxias*.

Ainda que a IA geral seja apenas um sonho distante, o tal do Santo Graal, as aplicações de IA estreita já são capazes de criar valor para quem as utiliza. Uma IA que detecta tumores malignos é uma IA estreita, mas muito útil.

1 MCCARTHY, John; MINSKY, Marvin L.; ROCHESTER, Nathaniel & SHANNON, Cláude E. A Proposal for the Dartmouth Summer Research Project on Artificial Intelligence. AI Magazine, vol 27 nº4. 2006

O estudo de Dartmouth gerou uma enorme empolgação em um primeiro momento, mas caiu no esquecimento quando suas falhas ficaram evidentes. O assunto só foi retomado na década de 80, por empresas como a IBM e a Xerox, a partir do aumento da capacidade de armazenamento de dados disponível na época. A experiência escolhia um campo de conhecimento muito específico, armazenava tudo que existia de informação sobre ele e, com a ajuda de especialistas no assunto, criava uma série de regras dentro da lógica "se/então". Uma vez que se limitava a campos muito especializados, o modelo recebeu o nome de "expert systems" (sistemas especialistas).

O modelo apresentava menos falhas que o de Dartmouth tendo, inclusive, gerado alguns produtos para as empresas que o desenvolveram. Mas foi o fracasso comercial desses produtos que esfriou novamente a pesquisa e o desenvolvimento da IA.

A chegada do 3º milênio trouxe com ela dois grandes elementos para a expansão sustentada das ferramentas de IA. De um lado a expansão brutal de volume de dados e de capacidade de processamento. De outro a utilização dos conceitos de *machine learning* (aprendizagem de máquina) que também não eram novos, mas foram ressuscitados.

Arthur Samuel, o pioneiro do conceito de aprendizagem de máquina (e criador de um jogo de damas que usava esse recurso), se referia à habilidade dos computadores aprenderem algo que não tivesse sido explicitamente programado. Uma mudança radical em relação aos "expert systems" dos anos 80, onde tudo deveria ser programado.

A ideia por trás do conceito de "machine learning" era a própria forma de aprendizagem humana, especialmente a dos primeiros anos de vida das pessoas onde muito do que se aprende (uso prático da sintaxe inclusive) se dá de maneira não formal. Se oferecêssemos à máquina milhares de exemplos que discriminassem uma coisa de outra, a partir de um certo momento, a própria máquina poderia encontrar seus meios de fazer essa diferenciação.

De qualquer forma a "máquina humana", em muitos casos, é capaz de fazer isso com bem menos dados que a inteligência artificial. Uma criança de 3 anos não precisa de terabytes de exemplos para diferenciar um gato de um cachorro, e com mais precisão, o que também não significa que a criança não precise de muitas horas de treinamento para saber que um tigre não é um gatinho. Por outro lado, um humano é bem menos eficaz para apontar clientes com risco de inadimplência que um modelo preditivo de "machine learning".

Atualmente já existem tantas ferramentas e dispositivos usando essa tecnologia que nem percebemos quando isso está acontecendo. É o que os italianos Gianluca Mauro e Nicolò Valigi chamam de "efeito IA", ou seja, a partir do momento em que nos acostumamos a determinadas tecnologias de uso diário, o título de nobreza de IA desaparece e passamos a denominá-las simplesmente de software ou aplicativo. Por isso eles propõem uma definição que avança em relação à de Samuel: "machine learning é um software que resolve problemas sem instrução humana explícita".

[2]A inteligência artificial ainda está muito longe do sétimo céu do Talmud (ainda que já esteja quase totalmente nas nuvens), como veremos a seguir mas, ainda que seja apenas um bebê de pouco mais de 20 anos, está crescendo muito rapidamente.

---

2 MAURO, Gianluca e VALIGI, Nicolò. From zero to AI. Manning. Shelter Island, NY. 2020

Ainda não muito inteligente

A dúvida é um dos nomes da inteligência
Jorge Luis Borges

De outro lado, nem tudo são flores. Segundo o relatório *The Great AI Reckoning*[1] (o grande acerto de contas da IA), Inteligência Artificial pode ter um desempenho mais rápido, preciso, confiável e imparcial do que os humanos em uma ampla gama de problemas, desde a detecção do câncer até a decisão de quem será entrevistado para um emprego. Mas as IAs também sofreram inúmeras falhas, às vezes fatais. E a crescente onipresença da IA significa que as falhas podem afetar não apenas indivíduos, mas milhões de pessoas.

Parte do problema é que a tecnologia de rede neural que impulsiona muitos sistemas de IA pode falhar de

---

1 Publicado na IEEE Spectrum, disponível em https://spectrum.ieee.org/special-reports/the-great-ai-reckoning

maneiras que ainda permanecem um mistério para os pesquisadores.

Se até hoje não dominamos completamente o conhecimento da inteligência humana, e ainda estamos muito longe disso, como poderíamos programar com precisão o que deveria ser o modelo de funcionamento da IA?

O relatório da IEEE Spectrum, aponta sete exemplos de falhas de IA e quais fraquezas atuais eles revelam. Alguns cientistas discutem maneiras possíveis de lidar com alguns desses problemas, outros atualmente desafiam a explicação ou podem, filosoficamente falando, ainda não ter nenhuma solução.

1. Fragilidade

Existem numerosos casos preocupantes de fragilidade da IA. Pequenas alterações em algumas imagens podem fazer com que uma IA as interprete incorretamente. Até uma simples mudança em um pixel pode provocar um erro. Isso afeta de forma muito mais dramática os diagnósticos médicos do que as redes sociais.

A solução, quase "popperiana"[2] seria a de tornar as IAs mais robustas expondo-as a processos de falseabilidade com imagens cada vez mais confusas, o que ainda não impediria a emergência de eventos raros para as quais a máquina não tivesse sido treinada.

2. Incorporação de viéses

Cada vez mais, a IA é usada para ajudar a apoiar decisões

2 Karl Popper demonstrou que a verificação não basta para garantir uma verdade científica, ao contrário, a cientificidade de uma teoria reside exatamente no seu "falibilismo

importantes, como concessão de crédito, jurimetria e até prioridades em atendimentos médicos.

A esperança é que as IAs possam tomar decisões de forma mais imparcial do que as pessoas costumam fazer, mas muitas pesquisas descobriram que preconceitos embutidos nos dados nos quais essas IAs são treinadas podem resultar em discriminação automatizada em massa, representando imensos riscos.

Nesse caso, o problema deixa de ser especificamente técnico para ser uma questão de ética. A dificuldade é que muitos desses preconceitos são estruturais e acabam se manifestando na programação sem que o programador mesmo os perceba.

3. Esquecimento catastrófico

Existe a tendência de uma IA de esquecer total e abruptamente as informações que conhecia antes de aprender novas informações, essencialmente substituindo o conhecimento anterior por um novo conhecimento, particularmente as redes neurais costumam ter uma má memória.

Os pesquisadores de IA estão buscando uma variedade de estratégias para prevenir o esquecimento catastrófico de forma que as redes neurais possam, como os humanos, aprender continuamente. Uma técnica simples é criar uma rede neural especializada para cada nova tarefa que se deseja realizar, mas ainda é uma alternativa pouco escalável e, dependendo da aplicação, economicamente inviável.

Uma alternativa seria a de fornecer pequenas quantidades de dados a respeito do aprendizado anterior, como se fosse um resumo de um livro.

No entanto, as IAs podem nem sempre ter acesso a conhecimentos anteriores, como registros médicos, por exemplo. O pensamento hologramático ainda não é uma característica das máquinas.

4. Efeito caixa-preta

Por que uma IA suspeita que uma coisa é uma coisa e outra coisa é outra coisa? A explicação para esta e outras previsões que envolvam alto risco pode ter consequências jurídicas e médicas, entre outras. A maneira como as IAs chegam a conclusões há muito tempo é considerada uma caixa preta misteriosa, levando a muitas tentativas de conceber maneiras de explicar o funcionamento interno das IAs. A chamada "explicabilidade" ainda trava muito do seu desenvolvimento.

Embora um método de atribuição possa funcionar em um conjunto de redes neurais, ele pode falhar completamente em outro conjunto. O futuro da explicabilidade pode envolver a construção de bancos de dados de explicações corretas (quase uma meta-IA). Os métodos de atribuição podem então ir para essas bases de conhecimento e buscar fatos que possam explicar as decisões.

De qualquer forma não podemos esquecer que o nosso cérebro ainda tem muito mais questões desconhecidas que as que já descobrimos.

5. Quantificação da incerteza

Atualmente IAs podem se achar muito certas, embora estejam muito erradas. Quando deixamos a tomada de decisão ser feita por um algoritmo é importante entender quão precisas são essas decisões, especialmente quando estamos diante de algo que pode prejudicar a vida de alguém.

Progressos já foram feitos nos modelos de diagnósticos médicos, evitando que a decisão fosse tomada com excesso de confiança. Por outro lado, esse é o problema que ainda não viabilizou os carros autônomos, decisões com maior grau de certeza levam mais tempo para serem tomadas e em várias situações um carro não pode esperar para resolver que atitude vai tomar.

6. Bom senso

As IAs não tem bom senso - a capacidade de chegar a conclusões lógicas aceitáveis com base em um vasto contexto de conhecimento cotidiano que as pessoas geralmente consideram garantidas, e podem usar atalhos que as fazem se comportarem de forma inadequada.

Pesquisas sugeriram que as IAs de última geração poderiam tirar inferências lógicas sobre o mundo com até 90% de precisão, sugerindo que estavam progredindo em alcançar o bom senso. No entanto, quando os modelos foram testados, descobriu-se que até mesmo a melhor IA poderia gerar frases logicamente coerentes com um pouco menos de 32 por cento de precisão.

7. Matemática

Embora os computadores convencionais sejam bons em processar números, as IAs surpreendentemente não são nada boas em matemática, a ponto de alguns pesquisadores admitirem que mesmo modelos que usam centenas de GPUs[3] , nem sempre são mais confiáveis que uma calculadora de bolso.Testes usando problemas de olimpíadas de matemática acertaram apenas 5% dos resultados (o medalhista de ouro das mesmas olímpiadas acertou 90%. Sem calculadora).

As redes neurais hoje em dia podem aprender a resolver quase todo tipo de problema se você apenas fornecer dados e recursos suficientes, mas não matemática. Muitos problemas na ciência exigem muita matemática, portanto, essa fraqueza atual da IA pode limitar sua aplicação na pesquisa científica, observa ele.

Ainda não se sabe por que a IA é atualmente ruim em matemática. Uma possibilidade é que as redes neurais ataquem os problemas de uma maneira altamente paralela como os cérebros humanos, ao passo que os problemas matemáticos normalmente requerem uma longa série de etapas para serem resolvidos, então talvez a maneira como os IAs processam os dados não seja tão adequada para tais tarefas da mesma forma que os humanos geralmente não conseguem fazer grandes cálculos de cabeça. De qualquer forma, esse ainda não é um problema considerado entre os mais críticos.

---

3 GPU, conhecida popularmente como placa de vídeo, também é uma unidade de processamento como a CPU, mas com uma diferença: ela é voltada especificamente para atividades gráficas como jogos, softwares de edição de vídeo, modelagem tridimensional ou exibição de vídeos. Tais aplicações exigem cálculos específicos e muito mais especializados, que podem entrar no caminho do funcionamento geral de um processador, na prática, esse tipo de coisa entra em conflito com todas as outras tarefas que estão sendo feitas pela CPU que são baseadas em contas aritméticas e problemas numéricos baseados em 0 e 1

A inteligência humana

> *Toda a nossa dignidade, portanto, consiste em pensamento. É a partir daí que devemos nos levantar, não do espaço e do tempo que não sabemos preencher. Então, vamos trabalhar para pensar bem: aqui está o princípio da moralidade.*
> *(Blaise Pascal – Pensées – II, 11)*[1][2]

Se, de um lado, ainda temos uma inteligência artificial que ainda não é muito inteligente, por outro temos a inteligência humana que é objeto de reflexão desde os tempos de Pitágoras (cerca de 500 a.C) e a sua discussão sobre o dualismo mente e corpo. Na tradição aristotélica, a vida intelectiva se opunha à vida vegetativa ou mesmo, à vida exclusivamente sensorial.

A palavra inteligência vem do latim intelligere (inter +

---

1 Tradução livre do original publicado pela Librairie Victor Lecoffre. Edição de 1882.
2 Segundo Ernest Havet essas são as linhas mais belas escritas por Pascal.

legere), que significa juntar, ler, escolher entre muitos, e é definida como apreender conexões lógicas, ideacionais e causais.[3]

Mas é a partir do século XIX, com o desenvolvimento da psicologia, que os estudos sobre ele cresceram exponencialmente em todos os aspectos: definição do que é inteligência, se a inteligência é algo inato ou construído, as relações da inteligência enquanto um constructo social, até as infindáveis metodologias de mensuração da inteligência.

Do século XIX até hoje muitos desses conceitos se solidificaram, como a constatação que a inteligência é construída e não dada a priori, e outros foram descartados ou estão em decadência, como os métodos tradicionais de mensuração (ainda que a busca de alguma forma de mensuração nunca tenha sido totalmente abandonada).

Os métodos quantitativos de mensuração da inteligência replicam a lógica da filosofia utilitarista e eram (e ainda são) usados para definir o seu uso prático. Atualmente nenhum estudioso sério da inteligência vê alguma utilidade nesses testes e são críticos de quem ainda os defendem ou aplicam.

Durante muito tempo, conforme criticava Gaston Viaud[4], os filósofos e psicólogos limitaram o perímetro da inteligência às suas funções conceituais e lógicas, porém, ele mesmo incorreu nesse viés, ao classificar a inteligência prática como inferior e a inteligência lógico-conceitual como uma inteligência superior.

Também vimos nos últimos anos, decorrente da capacidade tecnológica de mapear as ações e reações

---

3 AYTO, John. Dictionary of word origins. Arcade. New York. 1990
4 VIAUD, Gaston. La inteligencia – su evolución y sus formas. Paidos. Buenos Aires. 1959

cerebrais, o crescimento da neurociência que se ainda não consegue desvendar todos os mistérios do pensamento, gerou descobertas importantes para entendermos melhor essa máquina computante e cogitante que temos dentro do crânio. Não deixa de ser mais uma das nossas ilusões a ideia de que o mapeamento cerebral será capaz de resolver todos os mistérios escondidos na nossa caixa de Pandora pessoal.

Quando nos referimos ao cérebro como uma máquina computante sempre é bom lembrar que Alan Turing definia a computação como o tratamento de símbolos onde o cálculo era apenas um detalhe irrisório nesse tratamento. Imre Simon, notável cientista da computação húngaro radicado no Brasil, definia o computador como um sistema de manipulação de símbolos físicos.

Não é à toa que Morin[5] explica que a inteligência, o pensamento e a consciência emergem das interações entre o lado computante (que trata e manipula os símbolos) e o lado cogitante (reflexivo) do cérebro.

A inteligência coloca-se como uma qualidade anterior ao pensamento e é definida como a aptidão para pensar, tratar e resolver problemas em situações complexas, ou seja, aquelas onde existe multiplicidade de informações, multiplicidade de interrelações e interretroações, incerteza e risco.

Portanto, se a inteligência precede o pensamento, não só as mecânicas lógicas e conceituais como a própria consciência (e seu alter ego, a inconsciência), são derivadas e retroalimentadoras da inteligência, e não a inteligência em si mesma.

É uma característica e, de acordo com o pensamento

5 MORIN, Edgar. O método 3 – o conhecimento do conhecimento. Editora Sulina. Porto Alegre. 2015

de Morin, uma arte estratégica individual, não exclusiva, mas desenvolvida ao extremo no homem que a opera na práxis (transformação e produção), na techne (criação e produção de ferramentas) e na teoria (conhecimento contemplativo e especulativo), e é uma aptidão estratégica geral capaz de ser aplicada do geral aos domínios particulares e de volta à tarefa de *"general problem solver"*.

Seu texto lista ao menos 15 qualidades inteligentes, reforçando que a inteligência é sempre estratégica. Mais do que isso, reconhece que todo ser humano dispõe no cérebro a potencialidade da inteligência, ainda que precise das condições para afirmar-se e desenvolver-se.

Ainda que de forma diferente, Piaget[6] e Vigotski também concluíram que a construção da inteligência é um processo. Piaget acreditava que a maturidade precedia o desenvolvimento e, na sua visão influenciada pelo determinismo biológico, estabeleceu fases delimitadas por faixas etárias.

Vigotski[7], cuja visão era influenciada pelo determinismo social, entendia que o desenvolvimento precedia a maturidade, um processo que começava no não-desenvolvimento, passava pelo desenvolvimento proximal (em que a pessoa precisa do apoio de uma mediação, essa efetivada pela linguagem dentro do contexto social) até atingir o que chamou de zona de desenvolvimento real, onde a maturidade e a autonomia eram atingidas.

Atingidas? Não exatamente. Assim como Morin afirma que todo conhecimento gera novas ignorâncias, Vigotski entendia que o atingimento de uma zona

6 PIAGET, Jean. Psicologia de la inteligencia. Psique. Buenos Aires. 1964

7 VIGOTSKI, Liev S. Pensamento e linguagem. Martins Fontes. São Paulo. 2000

de desenvolvimento real abria as portas para novas zonas de não-desenvolvimento ou de desenvolvimento proximal. Ou seja, o desenvolvimento da inteligência, se permanentemente estimulada, nunca teria fim.

No entanto, convém relembrar que diferentemente do que muitos acreditam, inteligência, pensamento, conhecimento e consciência não são entes arborescentes. Nosso cérebro não é uma matéria com uma raiz e ramos (ainda que muitas vezes o sistema neuronal, fisicamente, tenha essa aparência) e, por mais que tenhamos o *imprinting* cultural da lógica binária, que será discutida mais adiante, não é assim que o cérebro se comporta.

Talvez seja justamente esse conflito entre um cérebro que se comporta como um mapa que é construído à medida que faz descobertas sobre o real, que constrói um insconsciente ao invés de reproduzir um sistema fechado, que provoque essa brutal ignorância que temos a respeito de nós mesmos como seres pensantes.

Até porque talvez, como na física quântica nos ensina, o que chamamos de realidade: o que achamos que somos e o que achamos que o mundo é, não passa de uma interação[8], ou como diria o filósofo irlandês George Berkeley *"esse est percipi"*, ser é perceber (e ser percebido).

A estrutura do conhecimento, vista como um rizoma, não pode ser justificada por nenhum modelo estrutural ou gerativo, não tem uma genealogia arbórea.

Quando limitamos a multiplicidade da nossa mente a modelos pré-definidos (sejam eles lineares, sistêmicos, laterais ou, sabe-se lá quais ainda serão inventados) e ao nos confinarmos a esse tipo de estrutura rígida, estamos

---

8 MANGUEL, Alberto. Encaixotando a minha biblioteca. Cia das Letras, São Paulo. 2021

apenas reduzindo a miríade de combinações possíveis.[9]

O que não significa que a inteligência também não conviva permanentemente com um potencial de retrocesso. À medida que a complexidade e a adversidade diminuem, a inteligência tende a se atrofiar. É o efeito da simplificação e da superficialidade. No extremo oposto, o excesso de complexidade e de adversidade pode esmagar a inteligência (um dos efeitos do imediatismo) e, por isso mesmo que, seja de forma piagetiana ou de forma vigotskiana, é saudável respeitar os processos.

Se a inteligência se desenvolve à medida que a complexidade e a adversidade crescem, nunca devemos esquecer que a humanidade levou cerca de 10 mil anos para atingir o patamar onde se encontra. Um pouco menos, talvez, se considerarmos que já passamos pelo ponto de inflexão onde ela começou a diminuir.

Já a inteligência artificial tem pouco mais de 60 anos de existência e, mesmo que esteja se desenvolvendo de forma mais acelerada em um universo onde a complexidade é imensa, seria razoável dizer que ela ainda se encontra no que Piaget chamou de estágio pré-operatório, ou até em alguns casos, que ainda esteja no estágio sensório-motor.

9 DELEUZE, GIles & GUATTARI, Felix. O rizoma in Mil Platôs vol. 1. Editora 34. São Paulo. 1995

A maldição de Descartes

> *"Já vês como tu reconheces que a lógica é necessária e que, apartando-se dela, nem sequer podes chegar a saber se é necessária ou não"*
>
> *Epíteto*[1]

A lógica é a ciência que estuda as estruturas do pensamento e, como toda estrutura, é formada por elementos. A estrutura do pensamento é a ciência que estuda as relações entre suas partes. Divide-se, grosso modo, em lógica formal, que se dedica a entender as estruturas fundamentais, e a lógica aplicada, que estuda as estruturas do pensamento científico.

Dizer que algo é lógico é afirmar que uma relação entre essas estruturas satisfaz determinadas condições. O ilógico, por outro lado, é aquilo cuja relação é impossível de estabelecer.

---

1 Epíteto. Conversações II,25

A lógica clássica, está estruturada sobre alguns pilares denominados princípios da lógica, a saber:

a) Identidade: toda coisa é idêntica a si mesma, ou como se costuma dizer de uma maneira jocosa, uma coisa é uma coisa, outra coisa é outra coisa;

b) Não contradição: afirma ser impossível algo ser e não ser ao tempo, ou que dois juízos que que contradigam impede que ambos sejam verdadeiros;

c) Terceiro excluído: assim como na contradição dois juízos não podem ser ambos verdadeiros, o princípio do terceiro excluído afirma que dois juízos contraditórios não podem ser ambos falsos.

d) Razão suficiente: tudo que é, é por alguma razão que o faz ser como é e não de outra maneira (para Leibniz esse era o princípio lógico supremo). Nada acontece por acaso, tudo está de alguma forma relacionado e tudo tem um motivo.

Todos esses princípios, no decorrer da história, foram questionados ou refutados. A física quântica mostrou que uma partícula pode também ser uma onda, portanto sem identidade. O paradoxo do gato de Schrödinger, que explica os estados de superposição quântica, nega tanto o princípio da contradição como do terceiro excluído.

O que não é uma novidade, Aristóteles[2] já questionava esses dois princípios ao propor a parábola dos altares da verdade e da mentira, concluindo que dois juízos poderiam ser falsos juntos.

E, claro, como veremos mais adiante, o princípio da razão suficiente, intimamente ligado ao conceito de causalidade, já se mostrou contestável em várias

---

2 Aristóteles. Metafísica IV

situações. Leibniz, nesse aspecto, foi um profeta do que ocorreria na nossa cultura.

No entanto, o nosso modelo de pensamento ou, pelo menos, o modelo no qual somos criados e educados é um modelo linear descendente da lógica clássica levada a seu extremo por René Descartes que parte do princípio de que a razão é a única forma de conhecer e transformar o mundo. O seu método pressupõe que o raciocínio tem o potencial absoluto para o conhecimento da realidade objetiva.

Segundo ele, a razão é a única via para o conhecimento do mundo ser obtido, inclusive com a possibilidade de alcançarmos a verdade absoluta e de forma incontestável. Para tanto, bastaria duvidar de todo o conhecimento acumulado anteriormente e, a partir da observação, lançarmos novas questões, colocarmos essas questões à prova (experimentação) e identificarmos as leis absolutas que demonstrassem a verdade.

São herdeiros do método cartesiano a simplificação, ou seja, dividir um problema em quantas partes mais simples forem necessárias para a compreensão (raciocínio que desembocaria na superespecialização da ciência e do conhecimento e a falta de integração entre eles), a negação da probabilidade no conhecimento que, segundo ele, sempre deveria chegar à certeza absoluta, a natureza como propriedade do homem e a perfeição da razão humana.

Segundos seus escritos, a razão humana seria apenas inferior à perfeição divina, ainda que essa sua crença seja questionada por alguns dos seus estudiosos como Étienne Gilson. Quando publicou seu "Discurso do método", Descartes estava sob forte impacto da condenação de Galileu Galilei pela Inquisição e morria de medo de ser perseguido por suas ideias. Nunca saberemos o que ele realmente pensava sobre esse tema.

Ao mesmo tempo em que criava esse "design" linear de causa e efeito, Descartes limitava todas as questões a dualidade do certo/errado, ou seja seu método não só estabeleceu a linearidade do pensamento como a lógica binária. E, por ainda acreditarmos em causa e efeito, exigimos uma explicação para tudo: desejamos saber a origem de todas as coisas.[3]

A quase onipotência da lógica causal chega a ser tão forte que mesmo as ciências fortemente apoiadas na matemática, como a estatística, têm uma dificuldade imensa em convencer seus consumidores de que correlação não é causalidade, mas apenas uma correspondência que pode até ser espúria.[4]

Além disso, ainda que não seja mérito exclusivo do *cogito ergo sum*, o método ajudou a influenciar o processo de fragmentação do conhecimento em especialidades que, por sua vez, acabou nos direcionando ao impulso da ciência e da tecnologia que se descolaram de tudo que não fosse mecânico na vida.

Também podemos atribuir ao francês os primórdios dos mitos que compõem a "tríade sombria" da modernidade e que permanecem firmes a fortes até hoje, a saber: a centralidade humana que não só permite, como ele recomenda, que nos vejamos como donos e proprietários da natureza , da separação do homem da natureza (sua opinião sobre outras formas de vida é, no mínimo, curiosa) e, claro, o mito de que o progresso sempre é algo bom.[5]

3 MANGUEL, Alberto. Op cit.
4 Uma correlação espúria poderia ser definida, grosso modo, como uma associação entre variáveis que na verdade não trazem sentido epistemológico.
5 ADIRON, Fábio. O mito de um mundo melhor. Edição do autor. São

Claro que a lógica linear e binária tem a sua utilidade em muitas situações das nossas vidas, o problema, como veremos mais adiante, é o seu uso incondicional em quase todas as situações e a crença de que, isoladamente, ela pode resolver quaisquer problemas.

Da mesma forma que Descartes não é o demônio culpado de todos os males da humanidade, não se pode negar que sua obra impulsionou o desenvolvimento das ciências. Nunca é demais lembrar que as transformações do iluminismo envolveram um conjunto de circunstâncias outras que desaguaram nesse modelo de pensamento único. Mudanças na organização da sociedade, nos modos de produção e dos sistemas políticos e ideológicos.

Os poderes econômicos e políticos certamente eram partes interessadas na fragmentação do pensamento, no empobrecimento do debate, na limitação da reflexão.

O poeta Thomas Hulme[6] viveu em uma época em que as mudanças sociais e econômicas eram assustadoras e um otimismo ingênuo sobre as relações de poder e da racionalidade ameaçavam a sobrevivência de qualquer valor que não tivesse um cálculo utilitário. A fusão da filosofia vitoriana com os valores da ciência só poderiam levar à destruição da ética.[7]

A expectativa gerada pelo racionalismo iluminista era de que a ciência seria capaz de não só entender a natureza física como também decifrar todos os mistérios da mente humana. Essa esperança não vingou.

O pensamento linear cartesiano está presente em todas as nossas atividades, na nossa linguagem, na

---

Paulo. 2021

6 Não confundir com o filósofo David Hulme que será citado mais adiante.

7 HULME, T.E. The collected writings. Claredon Press. Oxford. 1994

nossa lógica pretensamente racionalista. A ponto de ser definido como pensamento único.

Para muitos é frustrante descobrir que o pensamento linear e as leis de causa-efeito são incapazes de explicar a mente e, certamente, não por falta de tentativas de mapear, topografar, perscrutar e analisar milímetro a milímetro o nosso cérebro.

Não bastasse a ciência não explicar as relações inteligência - pensamento - consciência - espírito, a própria evolução das descobertas científicas nos trouxe a conclusão de que mesmo as leis naturais, que dávamos como seguras e sólidas, estão sujeitas à incerteza, desmontando suas bases fundamentadas no pensamento linear.

Mesmo assim, continuamos convivendo em um mundo onde tudo é objetivo e que desconsidera as demais formas de percepção humana. Um mundo onde tudo é sempre algo previsível que funciona à base de repetições.[8]

Nossos modelos de decisão precisam ser ágeis, óbvios e simples. Mais do que isso, estão baseados em uma lógica binária e excludente. Isso ou aquilo. Sim ou não. Certo ou errado. A síndrome do terceiro excluído é quase universal.

Até mesmo o erro tem de ser rápido, para ser corrigido em seguida. Por sinal, o modelo de errar rápido e reprocessar as alternativas não é exatamente a forma de funcionamento de ferramentas de machine learning?

O físico David Böhm falava da nossa percepção ilusória moldada por um pensamento fragmentário. Segundo ele, o pensamento humano predominante sofre de uma doença cujos sintomas são o imediatismo,

---

8 Lacan, compreendia que não haveria a coisa em si de Kant, mas a articulação dos três registros, Real, Simbólico e Imaginário

a superficialidade e a simplificação. Sintomas fáceis de identificar mas, a cada dia, mais difíceis de tratar. [9]

Não deixa de ser curioso o clamor de muitos por um pensamento crítico, por uma educação para o pensamento crítico, quando quem propõe isso o faz dentro da lógica do pensamento mínimo e instrumental.

Chega a ser patético o discurso sobre as novas habilidades que vamos precisar para o futuro, o pretenso mundo dos "soft skills" que é vendido de forma empacotada de fórmulas prontas, universais e infalíveis.

Lembre-se, qualquer fórmula é um algoritmo e, assim sendo, passível de ser automatizada.

O pensamento único é instrumental e exclusivamente utilitarista. Todo esforço mental precisa ter um fim prático e que possa ser explorado de alguma forma (especialmente se for explorado de forma comercial e lucrativa para alguém – *money makes the world go around,* cantavam Liza Minelli e Joel Grey no filme Cabaret).

Não custa lembrar que o utilitarismo definia utilidade como a propriedade existente em qualquer coisa, propriedade em virtude da qual o objeto tende a produzir ou proporcionar benefício, vantagem, prazer, bem ou felicidade a impedir que aconteça o dano, a dor, o mal ou a infelicidade para a parte interessada nela. [10]

Valor para o utilitarismo do pensamento único, as coisas, pessoas e ideias não tem valor, tem preço. Tudo pode ser comoditizado e comercializado. Não é de hoje que mesmo os valores religiosos e espirituais viraram produtos de prateleira.

---

9 MARIOTTI, Humberto. Pensamento Complexo. Atlas. São Paulo. 2010
10 BENTHAM, J. Uma introdução aos princípios da moral e da legislação Abril Cultural. São Paulo. 1984

A partir da utilidade, procurou-se construir uma ciência do bem-estar, com a exatidão numérica da física. Essa nova ciência humana poderia ser utilizada para calcular a utilidade com base em intensidade, duração, pureza, certeza ou incerteza, do prazer e da dor. Seria possível calcular a utilidade presente em cada ação humana e, a partir daí, derivar as melhores instituições para o funcionamento da sociedade.

Com o advento da segunda revolução industrial diversos economistas europeus, especialmente na Inglaterra, na Áustria e na França, aprofundaram o desenvolvimento do que se chamou marginalismo na economia. O marginalismo, que viria a se tornar a base da economia neoclássica, corrente dominante na economia do século XX, considera que o comportamento econômico é derivado de escolhas otimizadoras, e geralmente dicotômicas dos indivíduos. Não seriam, portanto, fatores históricos, sociais e culturais que explicariam a vida socioeconômica, mas sim as escolhas racionais dos indivíduos, a partir de cálculos de prazer e sofrimento, ou perdas e ganhos.

O pensamento econômico, dessa forma, se afasta das demais ciências humanas, e procura se espelhar na matemática e na física newtoniana.. Aprofundando a comparação entre a vida econômica e a natureza, argumentam que a teoria econômica deveria ser construída de forma análoga à mecânica. O comportamento dos agentes econômicos seria semelhante ao funcionamento de uma alavanca.[11]

Não custa lembrar o conceito de Clóvis de Barros

---

11 BANDEIRA DE MELLO FILHO, Marcelo S. O capitalismo enquanto cultura: crítica da racionalidade econômica in Revista Nova Economia 29. UFMG. 2019a

Filho[12] , segundo quem, a felicidade só existe em meio
à completa inutilidade, ou seja, naqueles contextos em
que algo não é instrumento para nada, não é meio para
nada, não é caminho para nada. Esse algo não depende
de nenhuma outra coisa para realizar o seu valor, além de
si mesmo.

12 BARROS FILHO, Clóvis de. A felicidade é inútil. Citadel Editora. São
Paulo. 2019

Os demônios do pensamento único

Toda unanimidade é burra

Nelson Rodrigues

Razão é um termo ao qual se atribuem as mais diversas explicações e definições, dentro do pensamento linear geralmente vai se referir a ao raciocínio estruturado, lógico e, especialmente de causa e efeito.

Quando nos referimos ao fato de que o pensamento único é um pensamento instrumental, estamos atribuindo-lhe uma característica adicional, que é a necessidade de ele é apenas um instrumento para se chegar a algum fim, e esse fim precisa ter alguma utilidade para o ser humano, o que faz com que os termos instrumental e utilitário acabem se intercambiando com frequência. Algumas vezes também é denominado como consequencialismo, que preconiza que o valor de uma ação só pode ser medida pelos seus resultados.

O pensamento instrumental é a lógica que privilegia a utilidade de uma ação com o objetivo de se alcançar um fim específico que, no caso do homem é o de alcançar a felicidade ou prazer e de evitar a dor e o sofrimento.

O termo razão instrumental é atribuído a Max Horkeheimer, filósofo alemão do século XX. Segundo ele a razão instrumental é composta de dois elementos: o *ego abstrato* que se refere à tentativa do ser humano de transformar tudo que existe em meio para a conquista de algo para si, e a *natureza vazia*, que é apenas um objeto a ser dominado para tal finalidade do ego, caso não tenha uma utilidade específica deixa de ser objeto da razão, tornando-se esvaziada de valor.

O pensamento único, com o passar do tempo, se transforma em uma religião fundamentalista e repleta de dogmas onde o primeiro mandamento é a primazia da causa efeito, lei primeira e última de toda a lógica.

Quando David Hume (filósofo escocês do século XVIII, conhecido por seu empirismo radical e seu ceticismo filosófico) afirmou que a causalidade não pode ser percebida, mas apenas deduzida, poderia ter abalado o mundo, mas acabou tomando uma saída diplomática para não se indispor com seus pares, afirmando que apenas não se podia demonstrar a causalidade como algo factual, mas que era necessário acreditar nela como se fosse um fato.

No século seguinte, o sociólogo americano Thorstein Veblen, estudioso das ideias de Hume, justificou que a causalidade não é uma verdade inerente às próprias coisas, mas uma distorção que surge na prática, pelo seu uso social, um "hábito social do pensamento" e com isso tornou ainda mais difícil para a ciência ir além da causalidade ou examiná-la de maneira crítica diante de outros pontos de vista.

Não é à toa que quando Jung apresentou sua teoria da sincronicidade, essa foi, de todas as suas ideias, a que menos sucesso obteve, diante do fato que ela infringia a regra mais arraigada do pensamento único[1]. Mesmo já contando com as descobertas que desmontaram o universo da causalidade (relatividade, mecânica quântica e teoria do caos) o fundamentalismo causal predominava.

E ainda predomina e, se a causalidade é o deus principal do pensamento único esse também é cercado de outros deuses inamovíveis do seu Olimpo, como vimos anteriormente.

Como qualquer religião dualista (e nada mais binário que o pensamento único) se de um lado temos os seus deuses, de outro, obrigatoriamente teremos os seus demônios, contra os quais empreende a sua guerra santa, a saber:

i. **E/E**: A lógica do contraditório e do terceiro Incluído se contrapõe e complementa a lógica clássica, sendo fundamental no processamento de fenômenos complexos que pela recomendação cartesiana são fragmentados, o que leva, por falta de relações, à perda de sentido humano. Por isso mesmo é a inimiga figadal do modelo OU/OU do pensamento único que prefere o humano sem sentido e apenas como meio para atingir seus fins.

ii. **Intelectualismo**: a simples referência a uma pessoa como sendo um intelectual já causa arrepios ao pensamento único. Esses seres do mal que ousam pensar (e pior, muitas vezes agir) fora das normas não passam de

1 PROGOFF, Ira. Jung, sincronicidade e destino humano. Cultrix. São Paulo. 1973

excêntricos que deveriam ser enclausurados em uma ilha deserta, Bjørnøya talvez seja uma opção. Tudo na vida precisa ter uma função prática e, de preferência imediata. Não se pode negar, por outro lado, que a recíproca não seja verdadeira, os intelectuais, também reféns da lógica dicotômica do ou isso ou aquilo, também têm o mal hábito de desprezar as competências mecânicas ou pragmáticas. Um jogo de soma zero onde ninguém ganha nada.

iii. **Teóricos**: ao lado dos intelectuais ser chamado de teórico é um xingamento, afinal trata-se de uma atividade que, para o pensamento instrumental não passa de perda de tempo com imaginação e abstração, sem uma finalidade clara de aproveitamento, especialmente quando se trata de aproveitamento econômico-financeiro das teorias. Coisa de quem não tem mais o que fazer.

iv. **Conceitos**: decorrentes das práticas intelectuais e teóricas, por consequência acabam listadas entre as abominações do pensamento único. Ninguém precisa saber os conceitos e fundamentos das coisas, basta saber como usá-los. O que não deixa de ser uma forma de dominação, a inclinação para o pensamento concreto (prático, utilitário) é supervalorizada pelos donos do poder[2]. Além disso essa tribo conceitual é muito chata e fica apoiando seus alicerces em autores do milênio passado.

v. **Cultura**: no contexto instrumental a cultura é apenas uma questão subalterna. Não gera resultados, não aponta para o futuro e o progresso e, não poucas vezes

2 MARIOTTI, Humberto. Sociedades Tóxicas. 8M. São Paulo. 2021

insiste em atrapalhar o ambiente de trabalho. O termo só tem valor quando aplicado à cultura organizacional (essa sim tem um propósito: aumentar o resultado final da DRE). O pensamento econômico apresenta enorme dificuldade em trabalhar o conceito de cultura e tende, desde os tempos de Adam Smith, a negar a cultura, radicalizando a visão racional segundo a qual as práticas e instituições da nossa sociedade são naturais, eternas ou derivadas estritamente de uma lógica pura e as relações culturais humanas não passam de estruturas arcaicas que tendem ao desaparecimento e à substituição por valores culturais mais racionais. E aí se incluem as relações econômicas que, segundo o pensamento ortodoxo, não seriam parte de uma vida social e cultural mais ampla, mas antes resultado da natureza ou da racionalidade humanas.

Segundo o pensamento econômico a cultura é representada por crenças, preferências e tradições externas ao âmbito econômico. Nessa esfera, os agentes seriam guiados pela racionalidade, por escolhas individuais em termos de perdas e ganhos, custos e benefícios. Essa suposta racionalidade não é explicada, não é considerada parte da cultura. Caso realmente os agentes raciocinem em termos de custos e benefícios, perdas e ganhos, esse mesmo tipo de pensamento não é considerado culturalmente específico, pois é visto como a racionalidade humana por excelência. Outras maneiras de ver o mundo é que seriam equivocadas e levariam a resultados econômicos inferiores. [3]

Se, de um lado, o pensamento econômico nutre um grande desprezo pela cultura, de outro, ele mesmo cria a sua própria cultura econômica, e com ela um

___
3 BANDEIRA DE MELLO FILHO, Marcelo S. op cit.

imprinting cultural fortíssimo. Uma cultura determinista e mecanicista que é incapaz de destruir sua invariância e tampouco perceber que faz parte dos princípios de toda cultura produzir aquilo que a arruinará[4].

No final de 2020 eu escrevi um artigo[5] onde discorria sobre o uso das palavras e, particularmente, a respeito de um artigo acadêmico que mostrava que o uso de jargão estava associado a profissionais de baixo-médio escalão com a intenção de se auto promoverem. No mesmo artigo eu também explicava a diferença entre jargão, linguagem técnica e gíria.

Alguns meses e algumas leituras depois me defrontei com uma nova possibilidade além dessas: a possibilidade de que alguns grupos socioculturais podem ter de criar uma inacessibilidade conceitual relativa dentro dos seus discursos, ideias e raciocínios, que só podem ser expressados em algum tipo de padrão linguístico próprio e não em outros e, ainda que alguns deles façam sentido (as complexas teorias físicas dependem de sistemas de linguagem matemáticos), nem todo padrão exclusivo de grupos é decorrente desse tipo de situação esdrúxula. Algumas sociedades (e aqui me refiro a grupos de pessoas com background e estilos semelhantes) fazem uso dessa linguagem para bloquear alternativas conceituais que são contrárias a seus interesses.

Nada diferente da novilíngua orwelliana[6]. Inventamos palavras exclusivas. Atribuímos novo sentidos a outras. Distorcemos o significado tradicional. O objetivo é

---

4 MORIN, Edgar. O método vol. 4 – O conhecimento do conhecimento. Editora Sulina. Porto Alegre. 2012

5 Palavras, palavras, palavras – https://adiron.com.br/consultoria/palavras-palavras-palavras/

6 Novilíngua, novafala ou novidioma era o idioma fictício criado por George Orwell no seu livro 1984 que impedia a verbalização supostas heresias políticas

claro, dentro dessa nossa nova hermenêutica[7] tornar impossível o contraditório.

Ao invés de aceitar a crítica, retruca-se dizendo que está usando a palavra em outro sentido ou, que dentro do seu campo de especialidade o termo mal usado significa outra coisa.

Desgraçadamente até a nossa pobre ortografia já é vítima do efeito novilinguístico. Há não muito tempo recebi uma resposta de uma pessoa que, na sua área, uma palavra se escrevia daquele jeito (Aurélio Buarque de Hollanda e o Antonio Houaiss deram três piruetas nas suas tumbas. Que seus fantasmas venham puxar os pés desse apedeuta[8]).

E quem é sapo de fora não pode, nem deve, chiar, sob o risco de ser acusado de entrar em um tema que não é seu lugar de fala[9] , mas o seu lugar de cale-se[10] . Como diz a Profa. Maria Kehl no artigo citado: *"Não quero imaginar um mundo em que cada um de nós só pudesse dialogar com seus supostos "iguais" em gênero, cor da pele ou classe social."*

Não quero imaginar um mundo onde eu não possa debater e dialogar com pessoas que atuam em outros ramos de atividade ou outras áreas de especialidade. Claro, existe toda uma construção ideológica sobre o problema, mas também existem várias outras de fundo psicológico (medo, autodefesa, arrogância) que também

---

7 Só para não me contradizer usando palavras incompreensíveis: hermenêutica é a técnica usada para analisar o sentido das palavras
8 Essa você procura no seu dicionário
9 OLIVEIRA, Dennis. Sobre identitarismos, antirracismos e lugares de fala. https://jornal.usp.br/artigos/sobre-identitarismos-antirracismos-e-lugares-de-fala/
10 KEHL, Maria Rita. Lugar de cale-se!
https://racismoambiental.net.br/2020/08/11/lugar-de-cale-se-por-maria-rita-kehl/

merecem uma análise mais aprofundada. Eu sei, não é o meu lugar de fala, mas ainda vou pesquisar mais a respeito[11].

De qualquer forma, se acreditamos em uma sociedade mais igualitária e diversa e entendemos que a criatividade se promove no encontro de campos associativos diferentes, o único caminho a seguir é o proposto por Chomsky:

"Um componente fundamental da natureza humana é a necessidade do trabalho criativo, da investigação criativa, de criação livre, sem as limitações arbitrárias das instituições coercitivas, se depreende que uma sociedade decente deveria elevar ao máximo as possibilidades de realização dessa característica humana fundamental. Isto significa tentar a superação dos elementos repressivos, opressivos, destrutivos e coercitivos que se encontram em toda sociedade real – na nossa, por exemplo – como resíduo histórico."[12]

---

11 GOMES. Wilson. Precisamos falar sobre o lugar de fala.
 https://revistacult.uol.com.br/home/precisamos-falar-sobre-o-lugar-
-de-fala/

12 CHOMSKY, Noam. Language and Politics. Oakland. AK Press. 2004

Abrindo mão do uso dos neurônios

É verdade que temos cerca de 86 bilhões de neurônios (alguns chegam a calcular esse número em quase 100 bilhões). Não é verdade que usamos um pequeno percentual deles. O mito de que usamos somente 10% do cérebro não passa de uma romantização da esperança que ainda temos muito a evoluir.

Essa falácia começou a ser construída pela medicina do séc. XIX ao estudar a estrutura e funções do órgão, aprofundou-se no confronto das teorias de sua compartimentalização em funções (localizacionistas) ou da multifuncionalidade das regiões (equipotencialistas).

Mas a pedra fundamental dos 10% foi lançada no nascedouro da auto ajuda: o livro *"Como fazer amigos e influenciar as pessoas"* de Dale Carnegie, em 1936. Para "avalizar" o erro, ele foi promovido em todas as mídias pelo ilusionista Uri Geller, o entortador de garfos.

Isso também não quer dizer que você, meu caro leitor, está usando todos os seus neurônios e, pior, a cada dia que passa usa-os menos, o que tem levado alguns pesquisadores sérios a identificar que nosso cérebro está diminuindo de tamanho, seja por questões ambientais (o tal do progresso a qualquer custo), seja por questões evolutivas de falta de uso. O que, de certa forma nos conduz a uma central única de pensamentos que Teilhard de Chardin define como noosfera.

A noosfera pode ser vista como a "esfera do pensamento humano", sendo uma definição derivada da palavra grega νους (nous, "mente") em um sentido semelhante à atmosfera e biosfera. Na teoria original de Vernadsky[1], a noosfera seria a terceira etapa no desenvolvimento da Terra, depois da geosfera (matéria inanimada) e da biosfera (vida biológica). Assim como o surgimento da vida transformou significativamente a geosfera, o surgimento

1 Vladimir Vernadski foi um dos mentores teóricos da Semiótica da Cultura, com a proposição da biosfera como um mecanismo cósmico. Uma fina camada desenvolvida na superfície de um planeta, vivente da transformação de energia da luz solar em energia química. Este processo culminou na evolução das espécies que se encontram nesta categoria de metabolismo, que através da evolução desenvolveram a consciência e o pensamento dialógico. Esta consciência por sua vez, caracteriza-se por uma nova esfera que se distingue da biosfera, e pode ser chamada de logosfera (esfera dos significados) ou noosfera. A cultura é, segundo Vernadski, a síntese consciente da biosfera, e tem uma função modificadora considerável sobre os elementos naturais e a transformação do todo, não podendo ser considerada apenas uma abstração superficial.

do conhecimento humano, e os consequentes efeitos das ciências aplicadas sobre a natureza, alterou igualmente a biosfera.

No conceito de noosfera do filósofo francês Teilhard de Chardin, assim como há a atmosfera, existe também o mundo das ideias, formado por produtos culturais, pelo espírito, linguagens, teorias e conhecimentos.

Seguindo esse pensamento, alimentamos a Noosfera quando pensamos e nos comunicamos.

A partir de então, o conceito de noosfera foi revisto e consequentemente sendo previsto como o próximo degrau evolutivo de nosso mundo, após sua passagem pelas posteriores transformações de "geosfera", "biosfera", "tecnosfera" (temporária e em andamento) e então noosfera.

Um dos indícios de noosfera é traduzido pelo crescente aumento de pessoas tendo a mesma ideia praticamente ao mesmo tempo, mesmo estando isoladas. Seguindo leis físicas, a explicação para isso seria dada por uma relatividade divergente de velocidade presente entre a matéria e a energia, ou entre o cérebro e a noogênese, na qual as informações acessadas já estariam dispostas na noosfera, mesmo que de forma primordial.

À medida que vamos nos envolvendo cada vez mais com os recursos eletrônicos e digitais, em especial nas redes sociais e, como se anuncia, num prometido ambiente de metaverso, a nossa relação com a realidade se esvai num universo assíncrono onde a noção de tempo é completamente diferente do tempo biológico.

A vida passa a correr independentemente da nossa percepção sensorial e dependente dos feeds, deixa de ser uma vida que obtém informação a partir da experiência e passa a ser povoada exclusivamente de estímulos emocionais incompatíveis com a biologia humana, com reflexos não previsíveis sobre a nossa psiquê.

As novas invenções (metaverso, computação quântica, wearables empoderados, hyperloops, máquinas como as representadas no filme Ex-Machina) que são, ao mesmo tempo, empolgantes e assustadoras, podem e devem contribuir para a construção de um ambiente noosférico sem que possamos medir as consequências para psiquê humana, coletiva ou individualmente.

Em 1956, Günther Anders já alertava para a obsolescência do homem, explicando que torna-se obsoleto aquilo que antes era usado e passa a deixar de o ser, quando surge algo que cumpre melhor a mesma função (diferentemente de algo antiquado, que apenas perdeu sua atualidade).

Esse é o ponto de partida da sua antropologia filosófica: em meio a uma infinidade de coisas, ferramentas, aparelhos e mercadorias cada vez mais perfeitos, o homem vive encerrado em uma "vergonha prometeica", que consiste em descobrir-se uma criatura rodeada cada vez mais de objetos, feitos e produzidos para satisfazer de forma fácil e rápida as suas necessidades[2].

Anders parte do conceito de reificação, originalmente desenvolvido por Hegel e Feuerbach e aprimorado por Lukács e os teóricos da escola de Frankfurt, em que demonstram uma coisificação das relações sociais de modo que a natureza dessas relações passa a ser expressa por objetos de troca. Uma transferência da subjetividade para um (ou mais de um) objeto externo e a perda da capacidade do protagonismo humano.

---

2 CARVALHO, Tiago. Günther Anders – sobre a alma na época da segunda revolução industrial. Revista Philosophica, 55-56. Lisboa. 2020. pp. 255-273

Esse processo, de acordo com Anders, se dá em três fases: a primeira em que há a perda de controle sobre os meios de produção, à medida em que as ferramentas se torna mais precisas e mais eficientes que os humanos.

Na segunda fase surge a vergonha de se ser apenas humano e frágil, e não uma coisa e, por fim, na terceira, o sentimento de inferioridade diante das máquinas.

Ainda que as consequências de se perder em um mundo artificial que não tem contato com o universo sensorial possa gerar seres psicóticos seja uma possibilidade real, os futuristas, como sempre, estão mais encantados com o mito do progresso do que com a humanidade.

De qualquer forma, não precisamos nos transportar para o futuro para identificar alguns exemplos contemporâneos da redução do uso dos neurônios. Humberto Mariotti, no seu ótimo "Sociedades Tóxicas", já citado aqui, dedica uma boa parte do seu livro a essa questão, bem como às suas consequências. Aqui vou me limitar a alguns pontos que julgo mais críticos:

1.**Escolhas**: deixamos de avaliar e definir por conta própria as nossas escolhas. Preferimos respostas rápidas, superficiais e simples (acho que estou me repetindo), os algoritmos que resolvam o que vamos ver na televisão, o que vamos ouvir, que caminhos devemos seguir no trânsito, em restaurantes devemos comer (e o que vamos comer de acordo com aquele aplicativo de alimentação saudável). Iludidos pela falsa promessa de que ao delegar tarefas para as máquinas teremos mais tempo para nos dedicarmos a nós mesmos, caminhamos inevitavelmente para a zumbilândia, até porque esse mesmo tempo que, em tese, economizamos, estamos desperdiçando em outras atividades definidas pelos próprios algoritmos. Uma era em que não passaremos de rebanhos pastoreados pelos robôs.

2. **Memória**: talvez uma das funções mais inúteis do cérebro moderno, para que gastar neurônios quando se está a um clique da informação? Para que memorizar número de telefone e aniversários dos amigos se está tudo armazenado na nuvem do seu celular? Esqueceu quem marcou o gol que fez seu time ganhar um campeonato pela última vez? O Google responde. Diferentemente dos recursos computacionais de armazenamento, o cérebro humano, alguns acreditam, tem uma capacidade infinita de guardar informação, mas há controvérsias sobre isso. Ainda assim, a cada dia temos mais dificuldade de decorarmos um simples nome, aniversário ou número de telefone.

Neurologistas dedicados ao estudo da nossa capacidade natural de armazenar informação, ainda que não tenham chegado a uma conclusão qual seria a capacidade total do nosso disco rígido, reconhecem que existem mecanismos que permitem ao homem guardar mais informação do que seria suposto em função do espaço físico disponível, até porque os neurônios que dispõem das chamadas células piramidais, responsáveis pela memória, não passam de 1 bilhão.

Não deixa de ser uma questão de exercício. O que é treinado se desenvolve, o que é desprezado, atrofia e, aos poucos vai perdendo a sua função.

3. **Linguagem**: reconheço, é duro lidar com esse povo que usa palavras como "apoplético, inexorável, obtuso ou parafernália". Melhor simplificar e só usar um conjunto limitado de vocábulos (perdão, outra palavra estranha)

e, se possível, que sejam conversíveis em emojis, gifs e figurinhas.

Marshall McLuhan, um autor muito mais citado do que efetivamente lido, já anunciava, desde o seu famoso *Understanding Media*[3] como em textos posteriores, a decadência e o possível ocaso da linearidade alfabética diante do predomínio da imagem, ou seja, que a leitura seria abandonada a favor da televisão (lembrando que esse livro é de 1964). McLuhan morreu em 1980 sem conhecer a explosão do computador, que durante um curto período de 20 anos até obrigou as pessoas a retomarem a alfabetização, mas muito menos, a dominância da internet, especialmente nos dispositivos móveis e seus emojis e figurinhas onde, a cada dia, o texto é menos utilizado.

O empobrecimento da linguagem é um dos efeitos dessa busca por simplicidade e leva tanto ao abandono de palavras e de figuras de linguagem como às modificações na articulação entre significante e significado.

Metáforas, por exemplo, que ajudavam a compreender os fenômenos, tornaram-se raras. Com a "simplicidade" na linguagem, busca-se controlar os sentidos. A reflexão e a verdade, que se inserem no campo da complexidade por envolverem positividades e negatividades, passam a ser demonizadas e/ou relativizadas. A simplificação da linguagem é, portanto, uma operação que leva à redução do campo do pensamento e à uniformização das condutas.[4]

O desprezo pela linguagem, seja lá qual a forma em que ela se apresenta, é uma forma tirar da mente humana

---

3 McLUHAN, Marshall. Understanding Media. The MIT Press. Cambridge, MA. 1994
4 CASARA, Rubens R.R. Tudo deve ser simples (e você vai ser controlado sem saber). Revista Cult. Dezembro 2019

a sua capacidade de análise, reflexão e transformação. Uma forma de estupidez, citada por Mariotti, como a estupidez do obscurantismo.

Fabiano é um ser confuso e solitário. Atrapalhado com as palavras e, quando as usa sai sempre prejudicado. Ele percebe a existência de dois mundos – o da natureza, dos objetos e da cultura, dos fatos sociais – que ele não consegue conciliar. A sua linguagem impõe limites estreitos à organização do seu pensamento.

Fabiano percebe que a linguagem distingue o homem. Sente que ela é fator importante para a conquista de espaço na sociedade e que dela depende o desenvolvimento da capacidade intelectual, própria do homem, que é dada pelo sistema linguístico.

Em determinado momento do livro ele se questiona: como posso pensar se não tenho as palavras? Fabiano é uma personagem fictícia de Graciliano Ramos em Vidas Secas. E uma realidade cada vez mais frequente na sociedade.

Quem se apropria da linguagem altera de forma qualitativa seu modo de pensar, perceber e entender o mundo à sua volta. Sem linguagem, o desenvolvimento humano não acontece. No entanto, o que se nota a cada dia é uma redução da riqueza vernacular que permite o pensamento amplo. O inventário de palavras que conhecemos e usamos se reduz dia a dia. Estamos deixando para trás a polifonia e voltando para a sonoridade monofônica. Um retrocesso, sem dúvidas.

Ter um repertório polifônico não significa que você precisa começar a falar e escrever como o Padre Vieira no século XVII. Toda língua que não se renova cai em desuso e, à medida que seus usuários vão desaparecendo, ela desaparece junto. Muitas já morreram na nossa curta história humana (a escrita não tem mais do que 6 mil anos e mesmo línguas que foram documentadas desapareceram).

O Houaiss tem cerca de 230 mil verbetes, o Aurélio mais de 350 mil. Os dicionários mais famosos de inglês têm quase 500 mil, sendo que apenas 20% são considerados obsoletos. Em qualquer língua, um vocabulário avançado é aquele que alcança de 8 a 10 mil palavras, que deveria ser a nossa base para a língua materna.

Afinal, um vocabulário intermediário vai refletir uma inteligência mediana (para não dizer medíocre, mas as pessoas que não sabem o sentido correto de medíocre podem se ofender). Por outro lado, também não pode se limitar às novilínguas que surgem a cada novo best seller de negócios do mercado ou a cada novo meme que circula. Especialmente quando essas novas linguagens se limitam a grupos exclusivos que fazem uso delas (e, em não poucos casos, distorcem o sentido da palavra de forma excluir os que não fazem parte da sua tribo).

As pessoas têm se comunicado, cada dia mais, apenas com a troca de sinais gráficos. Os mais frequentes são os emojis, que podem ser engraçadinhos numa publicação na rede social, mas não explica o que realmente quis dizer.

Um positivo pode significar gostei, estou de acordo, um sinal neutro para não deixar a pessoa no vácuo ou até mesmo "a conversa acabou, não me perturbe mais". O positivo americano não é educado no Brasil e, para agravar a situação, recentemente virou uma símbolo de manifestações racistas.

Alguns podem alegar que muitas línguas usam sinais gráficos, especialmente as do extremo oriente com seus ideogramas. No entanto, no Japão, esses ideogramas geram mais de meio milhão de palavras diferentes.

Um amigo, brincando sobre o assunto, disse que os egípcios já usavam emojis, eles chamavam de hieróglifos. Será que vamos precisar de um novo Champollion no ano 4000 para decifrar o que estava escrito no nosso "Iphone da Roseta"? Quando não são figurinhas são siglas, e essas também têm mudado de significado de acordo com a modinha do momento.

É a linguagem que vai constituir cada sujeito, pois é por meio dela que ele interage com o mundo, construindo simbolicamente os significados do mundo e de si mesmo.

O nosso aparelho psíquico é um aparelho de memória e de linguagem constituído pela existência de traços que adotam a função de memória e de elemento articulador de associações. É a linguagem que vai permitir as associações entre campos conceituais diversos, desenvolver nossa inteligência e a nossa criatividade.

4. **Outras línguas**: muitos defendem que é uma besteira essa demanda por saber outras outras línguas, basta usar um tradutor online e é possível se comunicar até com quem fala chamicuro[5], quando conhecê-las seria um aumento de repertório, cultura e inteligência de acordo com Cassirer[6]. Segundo ele, quem começa a entrar no "espírito" de uma nova língua, a pensar e a viver com ela, abre novos círculos de intuições e símbolos que permitem articular de novas maneiras os conteúdos, a vivência e a experiência.

---

5 Chamicuro é considerada uma língua com grande risco de extinção e hoje em dia, tem menos de dez falantes no mundo. É falada no Peru.
6 CASSIRER, Ernst. Las ciencias de la cultura (Zur Logik der Kulturwissenschafen). Fundo de Cultura Económica. Cidade do México. 1955

O aprendizado de novas línguas ativa neurônios e exercita a memória, tornando a pessoa capaz de processar as informações de mais formas diferentes, além de melhorar o desempenho das pessoas em outras atividades intelectuais em qualquer área do conhecimento. Também permite aprimorar o foco, pois é preciso de mais atenção nos momentos em que elas são usadas.

Mas aprender um ou mais idiomas não significa apenas aprender um repertório de palavras e como usá-las, mas traz consigo a gama cultural que as acompanha e dá vida aos seus significados. Além do benefício de permitir o consumo de informação, ciência, arte e cultura em seus idiomas originais, permitindo uma ressignificação para as obras, a partir do contato com a cultura original, e compreender melhor o que os autores realmente queriam dizer.

Cada linguagem provoca, ou permite, uma certa forma de pensar, evoca certos pensamentos específicos que nos vêm à mente, não só por intermédio da linguagem que chamamos de nossa, mas sim por causa dela[7].

5. **Concentração**: o imediatismo não dá tempo para aprender e refletir sobre o que foi aprendido, a menos que seja uma receita de bolo para aplicação acrítica. Aprofundar-se no que foi aprendido está completamente fora de questão. Até a música, geralmente uma fonte de prazer para muitos, está se tornando algo a respeito da qual não temos mais tempo para o deleite nela. Isso porque já se constatou que com o streaming o ouvinte não ouve, segundo as estimativas das próprias plataformas, músicas com mais do que dois minutos e 30 segundos de duração. Stories são de 15 segundos, músicas para o

---

7 MANGUEL, Alberto. Op. cit

TikTok têm um minuto, o Twitter aceita pouco texto. [8]

Mas não é somente nas atividades racionais é que estamos perdendo inteligência, mas também na nossa inteligência intuitiva (que Pascal denominava *esprit de finesse*). Aos poucos a nossa sensibilidade sensorial, cada vez mais pasteurizada, está deixando de se desenvolver, e a nossa percepção em relação ao mundo que nos rodeia fica mais limitada. Abrimos mão da experimentação e observação direta do real e a substituímos pelos simulacros de Baudrillard, como já vimos anteriormente.

Humanos que preferem a irrealidade virtual, até porque a realidade é muito feia e, como bem detectou Eliot, ainda no século passado. A humanidade não suporta realidade demais.

---

8 Texto disponível em https://cultura.estadao.com.br/noticias/musica,geracao-da-audicao-ansiosa-faz-musicas-ficarem-menores-e-mais--objetivas,70003890862

Pensamento complexo ou desintegração

"A arte do pensamento sistêmico consiste em ver através da complexidade as estruturas subjacentes que geram mudanças."

Klara Palmberg[1]

O final do século XIX e o começo do século XX foram pródigos em derrubar muitas das convicções e certezas da humanidade. Em 1859, Darwin publicou "A origem das espécies" mostrando que não somos mais que primatas com bipedalidade vertical em passos eretos em substratos terrestres horizontais, o que, segundo alguns negacionistas, justifica a tese da terra plana.

A partir de 1900, Freud desmontou todas as nossas certezas sobre o comportamento e a consciência. Nem as piadas escaparam da sua análise (vide "Os chistes e a sua relação com o inconsciente" de 1905).

1 PALMBERG, Klara. Complex Adaptative Systems. Research Report. Lulea University of Technology

Em 1905, por meio da sua teoria da relatividade, Albert Einstein mostrou que referenciais que se movem com velocidades muito altas,

próximas à velocidade de propagação da luz, experimentam a passagem do tempo e a medida das distâncias de maneiras distintas, tirando, literalmente, o espaço debaixo dos nossos pés e acabando com a noção de que o tempo fosse algo absoluto.

Em 1924, a dualidade onda-partícula, estabelecida pelo físico

Louis De'Broglie, mostrou que qualquer corpo pode comportar-se como uma onda. A física quântica ainda vai ser responsável pelo princípio da incerteza e muitas outras mudanças que abalaram a nossa percepção da realidade e das suas supostas leis universais.

Em 1931, o matemático Kurt Gödel, apresentou os seus teoremas da incompletude em que demonstrava que em todo sistema existe ao menos uma proposição indecidida, o que deixa uma brecha aberta para a incerteza, derrubando a crença pitagórica de mais de 2 mil anos que as propriedades numéricas seriam imutáveis.

Se na matemática, considerada por todos como a mais exata e perfeita das ciências, a incerteza é parte inerente, quanto mais em todas as demais ciências da natureza e da humanidade.

Quando em 1968, Ludwig von Bertalanffy criticou a visão de um mundo dividido em diferentes disciplinas[2], e propôs que deveríamos estudar sistemas globalmente, de forma a envolver todas as suas interdependências, pois cada um dos elementos, ao serem reunidos para constituir uma unidade funcional maior, desenvolvem

---

2 BERTALANFFY, Ludwig von. Teoria geral dos sistemas. Vozes Petrópolis, 2014

qualidades que não se encontram em seus componentes isolados, de certa forma, condensou pensamentos que já vinham se manifestando (um exemplo disso é a teoria dos grafos de Euler) e acabou por gerar duas linhas de estudo sobre a complexidade.[3]

De um lado a visão humanista da complexidade representada por Edgar Morin, a partir da década de 70. De outro, o Instituto de Santa Fe, no Novo México. O Instituto concentra-se em sistemas comumente descritos como sistemas adaptativos complexos ou simplesmente sistemas complexos com foco nas ciências naturais. Ao lado humanista foi dado o nome de complexidade generalizada, ao lado tecnológico o de ciência dos sistemas complexos adaptativos.

No entanto, contrariando a ideia de Bertalanffy, existe pouquíssimo ou nenhum contato entre as duas linhas de estudo, mesmo que compartilhem os mesmos conceitos fundamentais da complexidade.

Cada vez mais descobrimos que as chamadas variáveis independentes que serviram para criar leis naturais de formas simples e claras não são realmente independentes. Complexidade implica em diversidade de elementos e de conexões entre eles. Implica simultaneamente em ordenação e caos, ou seja é caórdica, conforme define de Dee Hock[4]. Implica em relações não causais e não lineares

Um sistema complexo é uma rede de elementos interdependentes (e não independentes) que agem em conjunto para atingir algum objetivo e, como são sistemas abertos, só podem ser entendidos dentro do contexto do ambiente em que estão.

3 Ainda que o conceito de sistemas tenha posteriormente ficado ligado à área de informática, sempre é bom lembrar que Bertalanffy era biólogo.
4 HOCK, Dee. O nascimento da era caórdica. Cultrix. São Paulo. 2000

Não sendo lineares pequenas mudanças podem gerar grandes diferenças, ou seja, o resultado final deles não tem correlação com a quantidade de elementos inicialmente agregados. Mais do que isso, eles se adaptam a qualquer nova alteração no ambiente, sejam elas esperadas ou inesperadas.

Se desenvolvem em resultados diferentes da soma das partes, auto-organizam-se criando ordem a partir do caos ou dentro de uma instabilidade limitada que beira o caos, sem uma hierarquia pré-definida em uma estrutura de controle distribuída entre as partes.

Tem a capacidade de coevoluir, agindo e reagindo simultaneamente de forma cooperativa e competitiva. E, definitivamente, não são previsíveis nos detalhes, ainda que possam ter estruturas e padrões.

Alguns dos seus princípios, além da incerteza, são o da dialógica (antagonismos que se complementam), a recursão organizacional (produtos e efeitos são causa e consequência deles mesmos em um processo permanente de retroalimentação e de autoprodução) e a existência hologramática (onde o todo está na parte e a parte no todo), aqui é importante diferenciar o princípio hologramático do holismo que vê apenas o todo e não as partes.

Claro que essa combinação de fatores, conceitos e princípios acaba gerando leituras equivocadas a respeito do que seja a complexidade. A mais comum é a de confundir complexidade e complicação, ou de atribuir à complexidade uma posição de degrau acima da complicação. Sistemas complicados se caracterizam por um alto nível de precisão, alta repetitividade e pouca incerteza ou possibilidade de erro. Já os sistemas complexos têm baixa precisão e alto grau de incerteza.

Outra confusão é a crença de que a complexidade elimina o que é simples, quando na verdade ela integra o simples (que fragmenta o conhecimento) em seu conjunto.

Por fim, a ilusão da completude. Ainda que seja multidimensional, a complexidade não tem a pretensão de alcançar a totalidade das coisas (até porque, segundo Adorno, a totalidade não é a verdade[5]).

Em que pesem todas essas questões, talvez exista uma saída para alguns. Não é uma saída fácil e tampouco é cômoda, até porque exige uma mudança de atitude em relação ao mundo e à maneira de lidar com o conhecimento.

Assumir que a vida e tudo que nos cerca não é apenas linear, redutível a soluções simples e superficiais, que a nem mesmo as chamadas leis da natureza são permanentes e isentas de incertezas, é uma mudança que vai contra toda a nossa educação.

Em alguns momentos as relações de causalidade linear podem ser o melhor caminho para solucionar um problema, em outras, melhor aplicar a causalidade circular ou recursiva. Da mesma forma que o pensamento sistêmico não faz sentido em alguns contextos. O grande erro é o de querer resolver todas as questões com as quais nos deparamos usando uma única ferramenta de pensamento (a velha história do parafuso e do martelo).

Para isso é necessário transformar os demônios do pensamento instrumental em práticas cotidianas e entender que educação e conhecimento são muito diferentes das formas de adestramento a que somos submetidos[6].

5 ADORNO, Theodor. Minima moralia: reflexões a partir da vida lesada. Beco do Azougue. Rio de Janeiro. 2008
6 MARIOTTI, Humberto. Organizações de aprendizagem. Editora

A revolução mental necessária mais importante para que isso ocorra só começaria quando os indivíduos desviantes deixassem de se submeter às ordens, mitos e crenças que são distribuídas fartamente pelo status quo e se tornassem, eles mesmos, os sujeitos do conhecimento através da consideração, reflexão e o exercício de pensar sobre os problemas aos quais não tivessem acesso[7].

Não deixa de ser uma questão de escolha, mas não uma escolha simplista, dicotômica e excludente. O pensamento instrumental e o pensamento complexo precisam, mesmo sendo antagônicos, complementar-se e nutrir um ao outro.

Atlas. São Paulo.1995
7 MORIN, Edgar. op. cit

Uma dialógica imprescindível

"(...) o diálogo é uma exigência existencial. E, se ele é o encontro em que se solidarizam o refletir e o agir de seus sujeitos endereçados ao mundo a ser transformado e humanizado, não pode reduzir-se a um ato de depositar ideias de um sujeito no outro, nem tampouco tornar-se simples troca de ideias a serem consumidas pelos permutantes. (...) É um ato de criação. Daí que não possa ser manhoso instrumento de que lance mão um sujeito para a conquista do outro. A conquista implícita no diálogo é a do mundo pelos sujeitos dialógicos, não a de um pelo outro"

Paulo Freire – Pedagogia do Oprimido

A dialógica é um dos princípios fundamentais do pensamento complexo, O conceito de dialogismo foi elaborado pelo linguista russo Mikhail Bakhtin, que o explica como o mecanismo de interação textual muito comum na polifonia, processo no qual um texto revela a existência de outras obras em seu interior, as quais lhe causam inspiração ou algum influxo.

Diferentemente da dialética, onde se contrapõem os opostos com o objetivo de chegar a uma verdade refutando aquilo que não atende à lógica, a dialógica entende que não há algo a ser refutado (e eliminado), mas que as proposições, ainda que antagônicas, podem e devem se alimentar mutuamente, até pelo fato de que nenhum conhecimento tem uma conclusão final e toda epistemologia é um lugar de incerteza. Uma obra aberta como preconizava Umberto Eco.

Para Bakhtin, o diálogo é muito mais que uma simples instância de negociação ou de mediação de conflitos, mas um espaço onde os embates podem ser acolhidos e repensados, de modo a contribuir com a compreensão de uma realidade complexa, a realidade social.

O diálogo não envolve apenas o emissor ou o receptor da mensagem, mas as tendências básicas e constantes da recepção ativa do discurso do outro o que é fundamental para a construção do diálogo. Essa recepção ativa vai muito além da mera compreensão da mensagem, e chega à incorporação do outro no diálogo, de modo que desapareça a hierarquia de emissor-receptor.

A presença das palavras do outro nas palavras do eu é um dos primeiros elementos que caracterizam o conceito de dialogismo, que pressupõe o desaparecimento da autoria individual. Mesmo no diálogo interior, esses múltiplos outros participam ativamente, de modo que se opera a ilusão de que as palavras são produtos dos atos de fala de um dado sujeito, o que, em Bakhtin, abre espaço para um sujeito-coletivo, produtor e recriador de práticas presentes no espaço discursivo[1].

1 SCORSOLINI-COMIN, Fabio. Diálogo e dialogismo em Mikhail Bakhtin e Paulo Freire: contribuições para a educação a distância. Educa-

O discurso bakhtiniano, desse modo, é considerado vivo nos modos sociais, devendo ser visto sob formas contraditórias e como mundos de múltiplas linguagens que se interligam.

Uma das principais referências para a construção do conceito de dialógica de Bakhtin foram os diálogos de personagens de Dostoievski, onde a situação de antagonismos complementares é frequente.

Também não é acidental a apropriação do conceito de dialógica pela teoria da complexidade, mesmo que Bakhtin não tenha sido uma das fontes de Edgar Morin na construção do seu conceito de dialógica. Se a realidade não pode ser explicada pelo reducionismo OU/OU, se jamais seremos capazes de eliminar um dos lados em benefício do outro, seria insano (para não dizer estúpido), lidar com qualquer tema complexo usando esse tipo de simplismo.

Ainda que, dentro de alguns aspectos, tecnologia e humanidade sejam antagonistas, elas também são complementares e estão em permanente diálogo. A tensão entre as partes é que pode permitir que tenhamos ideias novas.

Segundo o filósofo da tecnologia Don Ihde[2], atualmente a emergência de um tipo de robótica, Inteligência Artificial e automação parecem ameaçar a huma¬nidade, o que ele considera como um retorno ao cartesianismo que precisa de crítica. Humanos em colaboração com as tecnologias são muito mais positivos e pode haver inovações e melhores trajetórias para o desenvolvimento.

ção em Revista Belo Horizonte v.30 n.03 p.245-265. Julho-Setembro 2014
2 IHDE, Don. Technology and the Lifeworld. The Indiana Series in the Philosophy of Technology. Bloomington: Indiana University Press.1990

Ele procura evitar ambos os extremos utópicos e distópicos da tecnologia, que fre¬quentemente acabam ocorrendo em relação a tal tema. Ele deriva de um con¬texto muito amplo de estudos científicos interdisciplinares. Nesse sentido, os dois pilares centrais são as relações entre o humano e a tecnologia e as relações de enraizamento cultural das tecnologias.

Seu modelo esquemático das relações e interações entre humanos, tecnologia e o mundo, partem inclusive do mesmo modelo proposto por Morin, onde cada um dos elementos influencia e modifica o outro. Ele propõe 4 modelos de relações:

• Relações de incorporação nas quais as tecnologias formam uma unidade com o ser humano, e essa unidade é dirigida ao mundo.

• Relações hermenêuticas que são relações nas quais os seres humanos leem como as tecnologias representam o mundo

• Relações de alteridade, quando os seres humanos interagem com as tecnologias, com o mundo como pano de fundo dessa interação.

• Relações de fundo (background) na qual as tecnologias são o contexto para as experiências e ações humanas.

A relação entre sujeito e objeto é mais importante que o sujeito e objeto em si mesmos, eles são constituídos em sua inter-relação.

A mediação não ocorre simplesmente entre um sujeito e um objeto, mas sim molda simultaneamente subjetividade e objetividade. Os humanos e o mundo que experimentam são produtos da mediação técnica, e não apenas os polos entre os quais a mediação se desenvolve.

A percepção de que as tecnologias estão indissoluvelmente ligadas aos humanos na cultura implica que as tecnologias não têm "essência"; elas são apenas o que estão em seu uso. Ihde nomeia essa ambiguidade da tecnologia de "multiestabilidade"

Esta noção de constituição mútua deve ser mantida em mente ao considerar a discussão sobre as várias relações entre humanos e artefatos tecnológicos. Cada tecnologia, ao ser colocada na realidade, está repleta de efeitos continuamente reenviados para todas as esferas da vida e que só podem ser avaliados de forma precisa quando olhados em retrospectiva. Os efeitos, eventualmente catastróficos, só são iniciados na interação entre a tecnologia, a sociedade e a natureza e, ainda que não tenham propósitos originalmente malignos, mas o de gerar o bem para as pessoas. Quando esses efeitos acontecem, recorremos à fé na providência humana para criar novos processos corretivos, e o ciclo se reinicia, até porque para a humanidade, a perspectiva de um "final infeliz" está fora de qualquer cogitação[3].

As tecnologias são sempre tecnologias em uso e este contexto de uso faz parte de um contexto cultural mais amplo. Esta contextualidade torna as tecnologias multiestáveis, em paralelo às diferentes formas possíveis de "ver" o cubo de Necker: o mesmo artefato pode ter diferentes significados ou identidades em diferentes contextos.[4]

---

3 CARVALHO, Tiago. Op.Cit.
4 O cubo de Necker é um desenho tipo aramado ambíguo de um cubo em perspectiva isométrica (os lados paralelos do cubo são desenhados como linhas paralelas na figura). Quando duas linhas cruzam, não se tem claro qual está na frente e qual está atrás. Isso significa que ela pode ser interpretada de duas maneiras diferentes. Quando uma pessoa olha fixamente para a imagem ela irá frequentemente parecer mudar entre as duas interpretações válidas (o que é chamado de percepção multiplamente estável).

Dispensável e substituível

"Humankind cannot bear very much reality."

(T.S.Eliot – Four Quartets)

Caso a nossa humanidade se apercebesse das possibilidades infinitas do pensamento complexo poderíamos chegar ao fim desse livro com um olhar mais otimista em relação ao futuro. No entanto, nem mesmo as diferentes correntes da complexidade conseguem conviver dialogicamente, o que esperar da imensa maioria que trafega na estrada do pensamento único? Vanitas vanitatum et omnia vanitas[1].

Chega a ser quase um lugar-comum a afirmação de que tudo que é previsível e repetitivo será automatizado. Na prática, isso já acontece há tempos e não é uma circunstância provocada exclusivamente pela inteligência artificial, ainda que essa tenha potencializado essa possibilidade.

1 Vaidade das vaidades, tudo é vaidade. Eclesiastes 1:2

O pensamento repetitivo é a base do senso comum e nos induz a sermos fiéis a ele. É mais confortável pensar como todo mundo. A sabedoria convencional é dizer o que outros esperam ouvir[2]. Ainda que através dos séculos tenhamos sido instruídos por mais de um sábio a evitar essa prática, seja por Sêneca, ao admoestar seu irmão Galião, dizia que o caminho mais trilhado é o que mais engana, evitando ser como ovelhas que seguem o rebanho, avançando não direção que se deve, mas em que se é levado[3].

Quinze séculos depois de Sêneca, Etiénne de la Boétie, então com 18 anos, escreve "Le Discours de la Servitude Volontaire" (1552)[4], demonstrando que a gênese da opressão exercida pelos poderosos aos menos favorecidos é atemporal e universal e esmiúça os porquês que levam a multidão a se permitir escravizar, cega e voluntariamente, a se dispor a servir.

Para La Boétie é o povo que se sujeita e se degola; que, podendo escolher entre ser súdito ou ser livre, rejeita a liberdade e aceita o jugo, consente tal mal e até o procura, em um processo que ele tenta explicar. Segundo ele o tirano obtém seu poder com a conivência do próprio povo subjugado e que a este bastaria decidir não mais servir, recusar-se a sustentá-lo para que se tornasse livre.

Ao analisar os meandros da servidão, revela como está em nós enraizada a vontade de servir, apesar de existir em nossa alma um germe de razão produtor da virtude (desde que alimentados pelos bons costumes e bons exemplos) e de que a própria natureza é justa (pois para esta, nenhum ser humano pode ser mantido em servidão), os próprios animais prezam a liberdade e se recusam a servir e quando o fazem é por imposição.

2 MARIOTTI, Humberto. op cit. 2021
3 SÊNECA. Sobre a vida feliz. Companhia das Letras. São Paulo. 2021
4 De La BOÉTIE, Etienne. Discurso da Servidão Voluntária. Editora Brasiliense. São Paulo, 1982

Mas o homem se deixa escravizar de bom grado por três motivos. O primeiro é o hábito, iludido por aquilo que parece ser mais seguro e confortável (no nosso caso, lembrando que a promessa do progresso e das tecnologias é a de tornar a nossa vida mais fácil e mais prazerosa).

O segundo é a covardia. As definições dos dicionários indicam que a palavra medo significa uma espécie de perturbação diante da ideia de que se está exposto a algum tipo de perigo, que pode ser real ou não, um estado de apreensão, de atenção, esperando algo ruim que possa acontecer. Ainda que o medo possa ser benéfico em situações de risco real, funcionando como uma medida de proteção, ele carrega mais atributos negativos do que positivos. Quando é exagerado, é chamado de pavor. Quando é patologicamente doentio recebe o nome de fobia, em homenagem a Fobos, filho de Ares de de Afrodite que tinha o poder de infundir o medo e a covardia nas tropas inimigas.

Vivemos em tempos de *fear mongering* – disseminação de rumores assustadores e exagerados de um perigo iminente de despertar propositalmente o medo a fim de manipular o as pessoas. Medo social tampouco é um fenômeno nascido na modernidade líquida. A pressão do pares (*peer pressure*) é uma atividade comum desde a nossa mais tenra idade, ainda que se manifeste de forma mais exacerbada quando começamos a frequentar a escola (e todos os meios sociais subsequentes), geralmente em forma de *bullying*.

O que mudou, em tempos de sociedade em rede e na vida digital é que essa pressão agora vem de todos os lados: através das redes sociais, através dos algoritmos dessas mesmas redes e dos aplicativos: pobre de você se não assistiu a última série de sucesso da Netflix, se perdeu a live daquele mega influenciador digital, se não tem o último hit na sua playlist do Spotify, ou se não está acompanhando nenhum podcast.

Se no tempo dos nossos antepassados tínhamos referências centrais, a modernidade líquida nos defronta com infinitos centros nichados por onde nos movemos continuamente, onde deveria existir a oportunidade de não nos sentirmos fora de nada. No limite, cada um pode ter seu nicho particular.

Aqui caímos numa situação quase aporética: ao mesmo tempo em que todos se orgulham de ser "livres-pensadores" ou, pelo menos se arrogam ao direito de não precisar de concordar com nada ou com ninguém, nos pelamos de medo de ficar de fora do centro do nicho ou do centro de nós mesmos. O medo de ser considerado um pária de si mesmo? O esdrúxulo, o excêntrico, o irrelevante?

Vikram Mansharamani, professor americano, autor do fabuloso *"Think for yourself"* diagnostica o medo de ficar de fora (FOMO – fear of missing out) como o mais evidente problema da nossa sociedade e propõe caminhos para a restauração do bom senso e do controle das decisões.

Não é uma questão de pensar fora da caixa – um exemplo típico de pressão de pares, afinal, todo mundo deveria pensar assim, certo? – mas, simplesmente, de pensar por conta própria. Em tempos de promoção da diversidade, por que não considerar e respeitar também a diversidade de ideias? Inclusive com o direito inalienável de discordar de cada palavra que escrevi aqui.

Em um mundo em que o pensamento é cada vez mais raso, mais moldado por fórmulas de sucesso, menos crítico nas escolhas, tudo está se tornando previsível e repetitivo. E, nesse caso, tudo torna-se automatizável e esse talvez seja o maior dos medos, a insegurança em relação a um futuro recheado de incertezas quanto a profissões e empregos.

O terceiro motivo, é a participação na tirania, La Boétie aponta quem são os interesseiros que se deixam seduzir pelo esplendor das riquezas sob a guarda dos poderosos, os que, em conluio, garantem e asseguram seu poder. Como numa rede social, o dono do poder se apoia em meia dúzia de asseclas que, por sua vez são, cada um deles, apoiados por outra meia dúzia e assim, de forma exponencial, atingir a massa.

Quase cinco séculos depois de La Boétie, Herbert Marcuse defendia a tese de que a unidimensionalidade sobre a qual se alicerçava a humanidade não é algo que acontece de forma escondida, ou sub-repticiamente, mas às claras através de um trabalho de retransmissão social peculiar, a saber a própria rede de instituições sociais Uma rede que além da sua transmissão ideológica, tece uma maquiagem nas necessidades não básicas para que se assemelhem o mais possível às necessidades básicas, o objetivo é o de chegar a uma hegemonia totalizante através de um modelo que que parte da vida simbólica ou da produção de subjetividade para deformar a produção de desejo inconsciente do homem.

Não que o trabalho ideológico seja menos importante, porém quando chegamos a uma subjetividade hegemônica a unidimensionalidade é muito mais eficaz, uma vez que inconscientemente o próprio indivíduo terá prazer em servir aos senhores do poder e, especialmente, aos senhores do dinheiro. A família, a escola, o trabalho e outras instituições são os espaços onde cada um aprende a seguir o modelo de uma vida feliz dentro da sociedade de consumo[5].

---

5 MARCUSE, Herbert. A ideologia da sociedade industrial: o homem unidimensional. Zahar. Rio de Janeiro. 1982.

Conforme nos ensina Mariotti, a manipulação das massas aumenta à medida que a inteligência humana diminui e estamos entrando na era do pastoreio dos robôs. O discurso que a IA servirá para que as pessoas se dediquem mais a si mesmas é uma falácia que beira o ridículo. Teremos mais tempos para sermos zumbis[6].

A mídia e os escatologistas de plantão adoram histórias sobre o momento em que os computadores se tornarão mais inteligentes que as pessoas, alcançando a consciência e assumindo o controle. Nesse sentido, o termo "singularidade" foi adaptado por Vernor Vinge (1993), que afirmou que "dentro de 30 anos, teremos os meios tecnológicos para criar inteligência sobre-humana. Pouco depois, a era humana terminará." Essa ideia foi popularizada por Ray Kurzweil em seu livro de 2005, "The Singularity is Near". Kurzweil explicou como os computadores, especialmente a Inteligência Artificial, combinados com descobertas em genética, nanotecnologia e robótica, criarão uma condição na qual a inteligência da máquina ultrapassará a inteligência humana. Kurzweil não estava escrevendo ficção científica. Ele descreve essa singularidade não apenas como uma possibilidade real, mas inevitável.

Essa segunda singularidade descreve o que poderá acontecer à medida que conhecimento humano não está aumentando na mesma progressão que os computadores inteligentes estão ficando mais poderosos, em algum momento o ponto onde as duas curvas se cruzam e a curva do computador inteligente ultrapassa a curva do conhecimento humano será o momento singular.

Como em outras previsões, aqui também temos controvérsias, muitos pesquisadores e filósofos criticaram Kurzweil e argumentaram que a singularidade não está

6 MARIOTTI, Humberto. Op.Cit. 2021

próxima. Eles não acham que a singularidade requer nossa atenção urgente. É inegável o progresso na inteligência das máquinas, mas também existem evidências de que as previsões sobre a IA estão superestimadas e muitos dos seus financiadores estão cansados de promessas exageradas. Os principais pesquisadores de IA estão escrevendo artigos sobre como o campo do *deep learning* está batendo com a cara em um muro.

Mas a segunda singularidade não é apenas sobre computadores ficando mais poderosos, o que eles são, mas a redução simultânea de conhecimento que estamos vendo em muitos lugares. À medida que as organizações terceirizam a autoridade de tomada de decisão para as máquinas, os trabalhadores terão menos oportunidades de se tornarem mais inteligentes, o que apenas incentiva mais terceirização. A segunda singularidade está, na verdade, muito mais próxima de nós no tempo do que a ideia original de uma singularidade de Kurzweil.

Expertise não é uma qualidade permanente. Pode erodir dentro de qualquer organização ou setor dentro de algumas gerações - lembrando que nesses tempos modernos as "gerações" são medidas em intervalos de 5 a 10 anos. Rotatividade de trabalhadores, padrões de recrutamento reduzidos, cortes nos orçamentos de treinamento e recuos perigosos para o chamado treinamento informal, tudo isso tem um preço. Isso gera um efeito circular, experiência reduzida apenas leva a uma maior dependência da tomada de decisão mecânica, o que desencoraja mais investimentos na promoção das capacidades intuitivas dos trabalhadores. Daí ladeira abaixo. E rapidamente. Alguns podem ver uma analogia com os argumentos da mudança climática de que, quando assumirmos que há realmente um problema, pode ser tarde demais para reverter o dano. Só podemos descobrir o valor da experiência depois que ela for perdida.

Por razões práticas, as organizações querem reduzir sua dependência de especialistas. É preciso tempo e financiamento para desenvolver especialistas, por isso é mais barato confiar em algoritmos ou máquinas[7].

Sob risco de ser execrado por fundamentalistas de todas as cepas, ouso concluir que uma vez que o pensamento instrumental é predominante ao extremo e esse pensamento faz com que quase todo ser humano esteja contaminado pela doença do pensamento (imediatismo, superficialidade e simplismo), todas as nossas atividades tornar-se-ão previsíveis e repetitivas, especialmente as atividades intelectuais, geralmente excluídas das tarefas repetitivas pelos otimistas ingênuos da inteligência artificial.

Inclusive os programadores, já existem ferramentas que convertem texto em código. Inclusive os criativos que usam regras de criação em suas áreas de atuação. Inclusive os que tem pensamento crítico fundamentado em dogmas e preceitos.

Como disse anteriormente, em um mundo onde para tudo existe uma regra, uma fórmula, uma receita de bolo. Tudo que é formulável é algoritmo, previsível e repetitivo: será automatizado.

A frase então deixa de ser que aquilo que previsível e repetitivo será automatizado para ser simplesmente: tudo será automatizado.

No limite, todos nós seremos substituídos por alguma tecnologia de inteligência artificial, seja em 10, 50 ou 5.000 anos.

---

7 KLEIN, Gary. The second singularity. Psichology Today. 2019. Disponível em https://www.psychologytoday.com/gb/blog/seeing-what-others-dont/201912/the-second-singularity

Claro, se nosso progresso não destruir o mundo antes disso.

93

Encetamento

Damos conselhos, mas não inspiramos condutas

La Rochefoucauld

Antes de mais nada, não confunda encetamento com encerramento. O final desse livro não encerra nada, muito pelo contrário, ele teve o objetivo apenas de provocar o começo de uma reflexão ou de uma discussão.

O texto está repleto de afirmações questionáveis e a única garantia que posso oferecer é a da incerteza. Sem dogmatismos, sem proselitismos.

Ernst Curtius, quando publicou sua principal obra (Literatura Europeia e Idade Média Latina - 1948), dizia que sua erudição não servia a interesses acadêmicos, mas em uma preocupação em preservar a cultura. Por mais que isso pareça démodé, o compromisso de Curtius com a erudição e a preservação da cultura tem por base a fé de que a busca da verdade não é inútil e nem uma mera trivialidade[1].

A verdade, diferentemente do que acreditava Tomás de Aquino, não é uma mera concordância do pensamento com o objeto, mas não deixa de ser sempre uma relação onde pelo menos um dos termos é o pensamento.

Artigos, teses, livros e toda a cornucópia de recursos comunicacionais do presente vão lhe oferecer argumentos que apoiam e que destroem as minhas teses aqui publicadas. Se o livro provocou a sua decisão de refletir por conta própria a respeito dessas teses e chegar a uma conclusão pessoal a respeito, meu objetivo foi alcançado.

Por outro lado, se resolveu deixar-se levar pela opinião minha ou de qualquer outro, apenas confirmou o que eu disse. *Quod erat demonstrandum.*

De qualquer forma, se chegou até aqui, o mínimo que tenho de fazer é agradecer pelo tempo que você dedicou à leitura e deixar um texto de Sêneca, extraído do seu "Sobre a vida feliz"[2] mencionado anteriormente.

Antes do mais, cabe determinar o que seja aquilo que estamos querendo. Depois, ponderar as circunstâncias nas quais poderíamos alcançá-lo de modo mais rápido. Ao longo do percurso, visto que adequado, iremos entendendo quanto progredimos, dia a dia e qual a distância da meta para onde nos impulsiona o desejo natural.

Enquanto perambulamos, às cegas, sem acompanhar o condutor, mas debaixo de brado dissonante de vozes a ecoarem de todos os lados, então a breve vida descamba para enganos, apesar de estarmos a labutar, dia e noite, com as melhores das intenções. Decidamos para onde andar e pelo caminho a

---

1 KIMBALL, Roger. Experimentos contra a realidade. É Realizações. São Paulo. 2000
2 SÊNECA. op.cit

percorrer, todavia, nunca, sem alguém experiente que conheça a estrada, já que não se trata de viagem semelhante às demais.

Ali, tomando um atalho e interrogando os moradores, não há como desviar. Aqui, ao invés, por mais conhecido e frequentado que seja o trajeto, maior o risco de ficar à deriva.

É preciso atentar para não seguir tal como ovelha o rebanho à frente porque, não sabendo para onde ir, vai para onde as outras se dirigem.

Realmente, nada mais pernicioso que se adequar à opinião pública, tendo por mais acertado o que é consensual. Como atestam numerosos exemplos, acontece findar vivendo não de acordo com a razão e, sim, imitando os outros.

Sugestões de leitura

Existe uma enormidade de textos a respeito dos temas aqui abordados. Caso você queira se aprofundar neles recomendo as fontes citadas nas notas de rodapé (que vão lhe fornecer outras notas de rodapé, que terão novas notas de rodapé, ad infinitum).

Caso você não tenha o tempo necessário para esse jogo infinito, eu deixo a sugestão de leitura abaixo:

Edgar Morin – O método – 6 volumes da Editora Sulina, particularmente os volumes 3 , sobre o conhecimento e o 4, sobre as ideias e, claro, sua Introdução ao Pensamento Complexo.

Humberto Mariotti – toda sua série de livros sobre a teoria da complexidade , nesse caso, especialmente o Sociedades Tóxicas e, caso você queira algo para iniciar-se no tema o Pensamento Complexo

A respeito de Inteligência artificial pululam livros, artigos, vídeos e seminários virtuais, mas um bom início é Zero to AI de Gianluca Mauro e Nicolò Valigi.

Em português, Inteligência Artificial – Mitos e Verdades, de Adriano Mussa é um excelente roteiro para quem ainda não está familiarizado com o assunto.

www.ingramcontent.com/pod-product-compliance
Lightning Source LLC
La Vergne TN
LVHW010241200726
843506LV00014B/3077